# Sopro Novo
Bandas

### ®YAMAHA

# Caderno de Manutenção

FLAUTA DOCE · FLAUTA TRANSVERSAL · CLARINETE · SAXOFONE · TROMPETE · TROMBONE · TUBA · PERCUSSÃO

**Araken Busto**

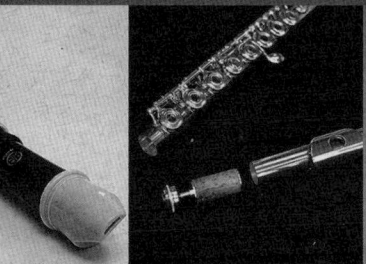

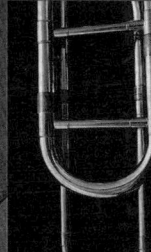

Nº Cat.: 429-M

Irmãos Vitale S.A. Indústria e Comércio
www.vitale.com.br
Rua França Pinto, 42  Vila Mariana  São Paulo  SP
CEP: 04016-000  Tel.: 11 5081-9499  Fax: 11 5574-7388

© Copyright 2014 by Irmãos Vitale S.A. Ind. e Com. - São Paulo - Brasil
Todos os direitos autorais reservados para todos os países. *All rights reserved.*

**CIP Brasil. Catalogação na fonte**
**Sindicato Nacional dos Editores de Livros, RJ**

B982s

Busto, Araken de Carvalho, 1971–
　　Sopro novo bandas Yamaha : Caderno de manutenção / Araken de Carvalho Busto. - 1a. ed. - São Paulo : Irmãos Vitale, 2014.
　　72 p. : il. ; 30cm.

　　Inclui índice
　　ISBN 978-85-7407-433-7

　　1. Instrumento musical. 2. Música. I. Título.

14-18507　　　　　　　　　　　　　　　　　　CDD: 786
　　　　　　　　　　　　　　　　　　　　　　CDU: 780

04/12/2014　　05/12/2014

### Créditos

| | |
|---|---|
| *Gestão do Programa Sopro Novo Bandas* | Cristal Angélica Velloso |
| *Coordenação editorial* | Claudio Hodnik e Roberto Votta |
| *Projeto gráfico* | Wiliam Kobata |
| *Fotografias* | Wiliam Kobata |
| *Revisão* | Claudio Hodnik |
| *Produção executiva* | Editora Irmãos Vitale:<br>　Fernando Vitale (Diretor editorial)<br><br>Yamaha Musical do Brasil:<br>　Osamu Naito (Presidente)<br>　Ken Hemmi (Gerente Geral)<br>　Kohei Kai (Gerente Comercial e de Marketing) |

# Sumário

*Prefácio* _____ 05
*Introdução* _____ 07

## Entendendo o processo de fabricação _____ 09
    Matéria prima _____ 09
    Calibre interno _____ 11
    Peso físico _____ 11
    Volume sonoro _____ 12
    Projeção sonora _____ 12
    Diferença entre volume e projeção _____ 12
    Revestimento ou acabamento _____ 12
    Classificação dos instrumentos de sopro _____ 14

## Materiais para manutenção de instrumentos de banda _____ 16
    Polidores _____ 16
    Lubrificantes _____ 16
    Tecidos _____ 18
    Outros acessórios _____ 19

## Manutenção _____ 21

## Flauta doce _____ 23
    Manutenção de flauta em resina ABS _____ 24
    Manutenção de flauta em madeira _____ 25

## Flauta transversal _____ 27
    Forma correta e local correto de segurar o corpo do instrumento _____ 27
    Manutenção ocasional do instrumento _____ 29
    Lubrificação dos mecanismos _____ 29
    Afinação do instrumento _____ 30

## Clarinete _____ 33
    Forma correta e local correto de segurar o corpo do instrumento _____ 33
    Manutenção preventiva _____ 34
    Manutenção periódica _____ 35
        *Lubrificação do mecanismo* _____ 35
        *Hidratação da madeira* _____ 36

## Saxofone _____ 39
    Montagem do saxofone _____ 39
    O corpo do instrumento _____ 39
    Manutenção ocasional do instrumento _____ 40
    Lubrificação do mecanismo _____ 41

## Trompete _____ 45
    Desmontagem do trompete _____ 45
    Pontos críticos do trompete _____ 46
    Lavagem do instrumento _____ 47
        *Lavagem do corpo do instrumento* _____ 47
        *Curvas de afinação* _____ 48
    Montagem do instrumento _____ 48
        *Montagem dos pistões* _____ 48
        *Montagem das curvas* _____ 49
    Dicas importantes _____ 49

## Trombone _____ 51
    Desmontagem do trombone _____ 51
    Vara do trombone _____ 51
    Removendo a vara interna _____ 52
    Inserindo a vara interna na capa da vara _____ 52
    Lubrificando a vara _____ 53
    Diagnosticando problemas com a vara _____ 53
    Outras partes do trombone _____ 54
    O rotor _____ 54
    Desmontagem das curvas de afinação do corpo do trombone _____ 55
    Pontos críticos do trombone _____ 55
    Lavagem do trombone _____ 56
        *Corpo do instrumento* _____ 56
        *Curvas de afinação* _____ 56
    Montagem do instrumento _____ 56
    Limpeza da vara _____ 57
    Lavando a vara _____ 57
        *Vara externa ou capa da vara* _____ 57
        *Vara interna* _____ 57
    Dicas importantes _____ 57

## Tuba _____ 61
    Desmontagem da tuba _____ 61
    Pontos críticos da tuba _____ 62
    Lavagem do instrumento _____ 62
        *Corpo do instrumento* _____ 63
        *Curvas de afinação* _____ 63
        *Pistões* _____ 63
    Montagem do instrumento _____ 64
        *Montagem dos pistões* _____ 64
        *Montagem das curvas* _____ 64
    Dicas importantes _____ 64

## Percussão _____ 67
    O que são instrumentos de percussão? _____ 67
    Instrumentos de teclas _____ 67

## Mitos _____ 69

*Referências bibliográficas* _____ 71
*Nota biográfica* _____ 72

## Dedicatória

Dedico este trabalho à memória de meu pai Antônio Busto que sempre incentivou, a minha mãe e meus filhos Alexandre Felipe e Gabriel.

Agradeço especialmente a Cristal Velloso, que sempre acreditou e me apoiou.

Aos professores do projeto Sopro Novo e Sopro Novo Bandas, a Yamaha Musical do Brasil, ao mestre Stefan Siemons, aos professores da academia Yamaha em Hamamatsu Japão. A Emilio Martinez que me ensinou e ensina importantes passos com carinho e dedicação.

**A. B.**

# Prefácio

A **Yamaha Musical do Brasil**, através do **Programa Sopro Novo Bandas** vem oferecendo aos instrumentistas brasileiros a oportunidade de participarem de *workshops*, palestras e recitais com renomados artistas.

Proporcionar aos estudantes de música um contato mais estreito com músicos cuja atividade artística e pedagógica sejam efervescentes tem sido nosso objetivo, porém isso não nos pareceu o suficiente.

Desde a inauguração do Atelier de Instrumentos de Sopros da Yamaha Musical do Brasil, assumimos a responsabilidade de ajudar nossos músicos a aumentar a vida útil de seus instrumentos através da execução de serviços de manutenção preventiva.

É frequente em nossos *workshops* do Sopro Novo Bandas nos depararmos com instrumentos cuja manutenção tem sido inexistente ou feita por quem não entende do assunto.

A partir do levantamento dessa necessidade criamos os *workshops* de manutenção preventiva. Esse trabalho é de enorme sucesso e tem sido executado com maestria pelo técnico Araken Busto, profissional responsável pelo Atelier da Yamaha no Brasil.

Com ética, profissionalismo e generosidade, Araken Busto, em total sintonia com os valores do Sopro Novo, tem atuado em encontros, festivais e congressos de instrumentos de sopros e percussão em todo o Brasil.

Tem compartilhado o seu conhecimento e consertado gratuitamente os instrumentos de músicos de todos os níveis.

Artistas consagrados e estudantes iniciantes entregam seus instrumentos às mãos desse profissional, de quem nos orgulhamos em ter em nossa equipe.

O **Caderno de manutenção – Sopro Novo Bandas Yamaha** elaborado pelo técnico Araken Busto é mais uma ferramenta que disponibilizamos aos instrumentistas, professores e estudantes para que possam executar ações que contribuirão com a durabilidade e tocabilidade de seus instrumentos.

Muito me orgulha trabalhar com este excelente profissional, e me enche de alegria poder conviver com pessoas tão especiais.

O Programa Sopro Novo Bandas nasce, se sustenta e progride graças a extrema dedicação de profissionais como esse, autor deste caderno.

Acredito que esse trabalho contribui de maneira consistente para a melhoria da performance de nossos estudantes, músicos amadores e até músicos profissionais que mantêm em seus corações a eterna sede de fazer música através dos seus instrumentos tão amados.

Aproveitem!

**Cristal Angélica Velloso**
Responsável pelo Programa Sopro Novo
da Yamaha Musical do Brasil

# Introdução

Desde os tempos remotos, o homem confecciona instrumentos para produzir sons. Eles foram criados com materiais orgânicos como ossos, madeira, argila e com o material bruto, que necessitava de bastante combustão para alterar a matéria, como os metais. A resina e a fibra foram criadas para reparar a necessidade sonora e de matéria prima para criação de novas possibilidades instrumentais.

Com a experiência adquirida, tradição e alta tecnologia, os fabricantes tradicionais de instrumentos musicais avançaram na criação e desenvolvimento de produtos, conseguindo *mapear* as necessidades dos músicos e criando então, instrumentos que atendam a cada situação, seja ela estilo musical ou estágio em que os músicos se encontram.

Devido a isto, foram criados instrumentos de níveis *standard* ou estudantil, intermediário, profissional e as linhas artesanais *superiores*.

O motivo de desenvolver estas linhas é muito claro e o primeiro ponto é que a necessidade de cada pessoa no seu estágio musical é completamente diferente de outra, ou seja, um iniciante enfrenta dificuldades e possui necessidades bem distintas de um músico profissional ou até de seu próprio professor, por isso, o instrumento deve possuir características diferenciadas para facilitar a execução musical.

# Entendendo o processo de fabricação

Para a escolha do instrumento é preciso compreender o processo de fabricação; abaixo apresentamos pontos chaves da construção, os quais devem ser observados pelo músico na hora de escolher o seu instrumento.

## Matéria prima

Vários tipos de materiais são utilizados na confecção de instrumentos de sopro como madeiras, metais, resinas e fibras. Estes materiais possuem maior ou menor capacidade vibracional, maior ou menor resistência, pesos distintos, além de timbres completamente diferentes. Exemplos de materiais:

**Resina ABS** – Acrilonitrilo-Butadieno-Styrene (estireno) é uma resina sintética com excelente estabilidade dimensional, boa resistência a intempéries e produtos químicos, boas propriedades térmicas e as características de usinagem excelentes, muito utilizada em flautas doces e na fabricação do corpo de clarinetes.

**Acoustalon** – É uma madeira artificial produzida com o sistema FRP (Fiber Reinforced Plastic) que em português significa "plástico reforçado com fibras"; este material é utilizado na construção de teclas para os instrumentos de percussão, tais como marimbas e xilofones, e produz um som semelhante à madeira *Rosewood* ou Pau Rosa. É resistente à humidade e mantém sua integridade mesmo nas mais adversas mudanças de temperatura.

**Ébano (madeira)** – É uma madeira escura da família das ebenáceas, com alto grau de resistência e sua estrutura dificulta a penetração de água; esta madeira é extremamente rara e proveniente da África e Ásia, existem vários tipos de ébano e os mais escuros são muito utilizados para a fabricação de instrumentos musicais, pois proporciona uma superfície polida e brilhante. Artefatos antigos e construídos em ébano foram encontrados em tumbas de faraós.

**Grenadilla (madeira)** - É uma planta da família *Fabaceae*, conhecida também como "african blackwood" encontrada na África e Ásia. Apresenta-se em diversos tons escuros e rajados. Por suas características especiais, é bastante utilizada em instrumentos de sopro tais como clarinetes, *piccolos* e flautas de madeira.

**Maple (madeira)** – É uma árvore da família da *Aceraceae* e conhecida também por Acer; possui uma coloração bordô, muito leve. É utilizada na fabricação de fagote e violão, entre outros.

**Latão amarelo** – É uma liga metálica que consiste na mistura de 85% de cobre e 15% de zinco, muito utilizado em instrumentos de metais, trompete, trombone, tuba e outros.

**Latão dourado** – É uma liga metálica que consiste na mistura de 70% de cobre e 30% de zinco, bastante utilizado em confecção de campanas dos instrumentos de metais, possui 15% a mais de zinco que o latão amarelo e proporciona um timbre mais *escuro*.

**Alpaca (metal)** – É a combinação entre cobre, níquel e zinco. É também conhecida como prata alemã, devido ao seu brilho e sua semelhança com a prata original. Este material está presente na confecção de flautas transversais de linhas estudantis a profissionais, e também é utilizada em tubulações de instrumentos de sopro para dar maior resistência, equilíbrio e projeção sonora.

**Prata** – É um elemento químico da tabela periódica conhecida como "Ag"; conhecemos e o utilizamos em seu estado sólido. Este material é utilizado na confecção de flautas transversais profissionais e artesanais, *tudel*[1] de saxofones e também é bastante utilizado como revestimento externo de outros instrumentos musicais.

**Ouro** – É um elemento químico da tabela periódica conhecido como "Au". Este material não reage à maioria dos produtos químicos, mas é sensível ao cloro e ao bromo. Nos instrumentos musicais, pode ser utilizado na confecção de corpo e chaves, como também no acabamento externo. Apesar da grande resistência vibracional, tem por característica a maior produção de harmônicos e maior projeção sonora.

**Monel (metal)** – O nome Monel é a denominação de um conjunto de ligas metálicas de alta resistência mecânica, ou seja, atrito entre metais e resistente à corrosão atmosférica; também é resistente a diversos ácidos e à água salgada; seu ponto de fusão é superior ao do aço inox, por volta de 2.400°C, e por ser um metal extremamente leve e por suas características de resistência o Monel é utilizado em pistões de instrumentos musicais como trompete, euphonium e tubas. Foi criado pelo metalúrgico David H. Browne e patenteado inicialmente em 1906 e agora a empresa Special Metals Corporation é a detentora da marca "Monel".

É importante lembrar que além da matéria prima, a forma como o material é trabalhado, compactado, soldado e/ou temperado com calor, pode mudar completamente o projeto do instrumento e por isso podemos afirmar que a concepção de um instrumento é como "uma receita de bolo" única e especial, cheia de detalhes e segredos; portanto, a tradição e experiência na produção destes instrumentos, dá ao fabricante a possibilidade de criá-los com características sonoras superiores e durabilidade extremamente diferenciada dos demais produtos disponíveis no mercado de instrumentos musicais.

**Antigo trompete persa, em bronze (dinastia Aquemênida, século VI a.C.).**

---

[1] Nome popular do pescoço dos Saxofones.

## Calibre interno

É o diâmetro interno da tubulação de um instrumento de sopro; esta medida de tubulação combinado com o peso físico do instrumento, ou seja, o tipo de construção (soldas, colunas, espessura do metal, forma de fabricação) irá determinar o tipo do instrumento, se será leve, médio ou pesado. Para facilitar a compreensão deste ponto, utilizaremos uma técnica chamada CVBA (Característica, Vantagem, Benefício e Atração) que explica as diferenças básicas de cada linha. Vejamos a tabela a seguir:

| Linha | Característica | Vantagem | Benefício | Atração |
| --- | --- | --- | --- | --- |
| Standard | Peso leve. Calibre médio. | Maior conforto, pois não cansa os músculos e articulações do estudante. | Possibilita o estudo prolongado. | Aumenta a velocidade de desenvolvimento musical do aluno. |
| Intermediário | Peso médio-leve. Calibre médio-largo. | Mantém grande parte das características da linha Standard, mas com estrutura que possibilita maior projeção e volume sonoro. | Para uma apresentação em grupo, o instrumento será ouvido pela plateia e pelo grupo musical com maior clareza. | Revela a identidade sonora do músico. |
| Profissional | Peso médio-pesado. Calibre médio-largo. | Com a estrutura mais pesada, o instrumento pode produzir mais harmônico e proporcionar maior projeção sonora e volume de som. | Utiliza menor quantidade de ar para maior volume sonoro e maior projeção do som. | Dá ao músico avançado a liberdade de tocar todos os estilos musicais do popular ao erudito sem perder o conforto |
| Artesanal | Peso pesado. Calibre médio-largo/largo. | O máximo de resistência viável para o instrumento, viabilizando o máximo de emissão de harmônicos, volume sonoro e projeção sonora. | Oferece ao músico de alto nível inúmeras possibilidades de um timbre rico, claro, cheio e focado; também possui grande estabilidade na afinação. | Está na totalidade a serviço do talento do artista. |

## Peso físico

O peso físico do instrumento é de extrema importância, isto não só porque tem conexão direta com a projeção sonora e volume de som, mas também porque pode cansar o músico mais rápido, dificultando o estudo prolongado e estimulando vícios de respiração e postura para *driblar* ou criar uma adaptação equivocada ao peso e resistência em excesso.

## Volume sonoro

Intensidade sonora (volume) do instrumento, funciona como uma esfera ao redor do músico. Este volume, tal qual a projeção, necessita de ser facilmente controlada pelo músico ou, em seu momento de estudo, sua audição irá saturar rapidamente cansando o estudante e tendo como consequência a diminuição do tempo de prática.

Já o músico avançado ou profissional, possui maior controle sobre o volume do instrumento e utilizará este recurso quando a execução musical pedir = maior ou menor intensidade sonora.

## Projeção sonora

Alcance máximo da onda sonora do instrumento sem distorção (alcance do som com qualidade), em muitos casos, se o estudante não possui controle dessa projeção ou se o instrumento não possui uma projeção sonora mais controlada, este alcance do som pode interferir no ambiente de estudo, atrapalhando ou incomodando pessoas que estejam mais próximas do músico e que, por consequência, pode causar a diminuição do tempo de estudo.

Ao contrário do estudante, o músico profissional pode necessitar de maior projeção ao executar uma peça musical para uma grande plateia e, neste caso, se o instrumento não corresponder às suas expectativas, ele não conseguirá transmitir ao publico sua exata expressão musical.

## Diferença entre volume e projeção

Existe uma diferença entre volume sonoro e projeção sonora, e podemos identificar esta diferença facilmente.

O volume sonoro é como uma bolha ao redor do músico onde ele e as pessoas que estão próximas (ao lado) podem sentir ou ouvir o potencial de volume do instrumento, já a projeção sonora é o alcance máximo que este instrumento pode proporcionar.

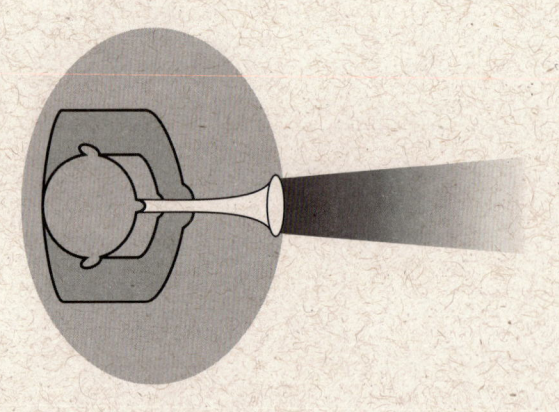

## Revestimento ou acabamento

Os instrumentos de sopro possuem normalmente alguns tipos de acabamento e são eles:

### Revestimento laqueado
A laqueação é um processo onde um verniz transparente ou com pigmentação colorida (laqueado dourado) é utilizado sobre o corpo do instrumento após o polimento, este acabamento garante o brilho e beleza, além de proteger o metal contra a oxidação natural da matéria prima.

### Revestimento prateado

Neste processo galvânico que consiste em depositar uma fina camada de prata sobre o corpo do instrumento, dando a ele uma aparência de brilho e cor clara como a prata, além de criar menos resistência vibracional que o verniz da laqueação, também proporciona o timbre claro e brilhante que é uma característica em instrumentos com esse acabamento.

### Revestimento com ouro

O ouro tem como característica sonora a facilidade de criação de vários harmônicos e é extremamente resistente. Normalmente ele é utilizado como revestimento de bocais, boquilhas e nos instrumentos de níveis superiores artesanais; além destes fatores, o ouro agrega valor e atração visual do músico ao instrumento.

### Sem revestimento ("no metal")

Existem instrumentos que devido ao tempo ou por opção do músico, tiveram o revestimento removido ou são produzidos sem nenhum revestimento a pedido de artistas por sentirem maior liberdade na execução musical; isto acontece porque nestes casos não existe resistência adicional causada pelo acabamento e a facilidade de gerar a vibração é maior, proporcionando menor resistência para a emissão sonora; porém, para este tipo de acabamento, deverão ser tomados cuidados adicionais com a superfície externa do instrumento, utilizando produtos específicos para a remoção da oxidação natural do metal e polimento desta parede externa.

# Classificação dos instrumentos de sopro

### *Standard* ou estudantil

| | |
|---|---|
| Peso físico | Menor possível para não cansar a musculatura do corpo do aluno. |
| Matéria prima | Alta capacidade vibracional para facilitar a emissão sonora.<br>Altamente resistente, porque o iniciante ainda não sabe fazer o manuseio correto, tendo maior possibilidade de danificar o equipamento. |
| Calibre interno (diâmetro da tubulação) | Tubulações menores dão maior conforto, pois necessita de menor quantidade de ar para preencher o tubo e criar a pressão necessária para fazer o material emitir som. |
| Projeção sonora | Mais controlada para evitar que o som do instrumento possa incomodar pessoas no ambiente em comum (vizinhos e parentes) e fazendo com que o aluno possa aumentar seu tempo de estudo. |
| Volume sonoro | Controlado para não saturar (cansar) a audição do próprio aluno, aumentando o conforto para estudos mais prolongados. |

### Intermediário

| | |
|---|---|
| Peso físico | Próximo da linha estudantil, porém levemente aumentado para trazer mais resistência e ampliar a projeção sonora. |
| Matéria prima | Mais nobre e/ou com maior densidade podem ser utilizadas nesta linha; na flauta transversal, seu corpo já passa a ser construída parcial ou completamente em prata maciça, para ampliar a resistência de vibração e melhorando o timbre do instrumento. |
| Calibre interno (diâmetro da tubulação) | Apesar de ser um projeto intermediário, em muitos casos os calibres maiores dos modelos profissionais já são disponibilizados para alunos avançados, facilitando a transição desta linha para as linhas superiores de instrumentos. |
| Projeção sonora | Maior que a linha estudantil, para que ao tocar o instrumento possa ser ouvido sem a necessidade de esforço adicional para atingir a projeção necessária e que a plateia possa ouvir o instrumento com um som claro e bonito. |
| Volume sonoro | Na linha intermediária, o projeto do instrumento proporciona maior volume sonoro e, com isto, o conjunto musical pode *sentir* ou ouvir o instrumento somando aos demais. |

### Profissional

| | |
|---|---|
| Peso físico | Nos modelos profissionais o peso do instrumento pode variar de acordo com o seu projeto de construção, porém em sua grande maioria possuem peso físico maior que as linhas intermediárias para ampliar a gama de recursos de timbre, projeção e volume sonoro do instrumento. |
| Matéria prima | Materiais mais nobres ou com maior densidade molecular são utilizados, além de uma compactação diferenciada da matéria que proporciona paredes relativamente finas, porém muito densas e resistentes; o trabalho da montagem influencia diretamente o equilíbrio do produto. Exemplo: para sua confecção, a campana de um saxofone profissional recebe cerca de 2000 marteladas. |

| | |
|---|---|
| **Calibre interno**<br>(diâmetro da tubulação) | Os calibres de instrumentos profissionais podem variar de acordo com o tipo de timbre que se deseja ter como resultado; a soma de todas estas variações junto ao calibre criam "receitas" ou projetos de instrumentos dedicados a estilos musicais específicos tais como erudito, popular ou jazz. |
| **Projeção sonora** | Com as combinações de maior resistência, matéria prima diferenciada e maior compactação da matéria, a projeção dos instrumentos de linha profissional está pronta para atender aos mais exigentes músicos e proporcionar segurança e tranquilidade ao executar as mais diversas peças musicais, variando entre estilos e timbres. |
| **Volume sonoro** | Apesar de serem mais difíceis de emitir som, nos modelos profissionais o volume sonoro é grande, com uma onda sonora clara, rica e perfeita, somando seu som aos demais instrumentos e proporcionando um timbre especial e personalizado. Exemplo: a simples substituição de uma abraçadeira da boquilha ou palheta de um clarinete pode criar novas cores sonoras ou sensações, mantendo o volume sonoro necessário para impressionar quem está na plateia. |

## Artesanal ("feito a mão")

| | |
|---|---|
| **Peso físico** | Como nos modelos profissionais o peso destes instrumentos também podem variar de acordo com o conceito da linha, estilo para o qual este instrumento foi projetado ou gosto pessoal do artista que irá utilizá-lo. |
| **Matéria prima** | Podem ser variadas e neste nível o ouro já é inserido como matéria prima parcial ou total da fabricação do instrumento. |
| **Calibre interno**<br>(diâmetro da tubulação) | Igualmente aos profissionais, o calibre dos artesanais pode variar por questões de estilos musicais para o qual o instrumento será produzido e também para atender ao gosto pessoal do artista que participou do desenvolvimento do projeto e que tem seu gosto próprio quanto ao *colorido* sonoro do instrumento, o que faz, em muitos casos, este produto ser uma peça única. |
| **Projeção sonora** | Para estes artistas, a busca destes instrumentos é a maior projeção sonora possível, para que possam tocar para grandes públicos sem a necessidade de utilizar qualquer equipamento eletrônico que possa causar alteração no timbre ou trazer distorções que não sejam provenientes do instrumento. |
| **Volume sonoro** | A busca por um volume sonoro perfeito é o grande desafio, isto porque será a sensação que o músico terá ao executar o instrumento e isto poderá inspirá-lo mais ou bloquear sua inspiração musical, sentindo que algo não está de acordo com o seu gosto pessoal. O equilíbrio de todos os pontos já citados junto ao melhor volume sonoro é uma característica marcante nesta linha de instrumentos. |

Levando em consideração as informações acima sobre os instrumentos artesanais, podemos afirmar que quanto mais artesanal o instrumento é em sua construção, mais demorado e complexo é o processo de fabricação.

Quanto mais artesanal é o processo de fabricação, mais caro este instrumento se torna, mesmo que a matéria prima seja a mesma utilizada em modelos de outras linhas; um claro exemplo é o trompete: na sua grande maioria a maior parte da matéria prima de um trompete estudantil é a mesma de um modelo artesanal, diferenciado fundamentalmente na forma de construção.

# Materiais para manutenção de instrumentos de banda

## Polidores

**Polidor para laqueado (Lacquer polish)**
Trata-se de um líquido especial para remover resíduos da superfície da laqueação tais como resíduos de pingos da saliva, acido úrico das mãos, suor, óleo e graxa que podem escorrer das junções e partes móveis do instrumento; destinado apenas para instrumentos com o revestimento *laqueado.*

**Polidor para prata (Silver polish)**
É um produto líquido destinado à remoção da oxidação e escurecimento natural da prata, devolvendo à superfície o brilho e a beleza que o acabamento prateado proporciona ao instrumento, além de remover resíduos de pingos da saliva, ácido úrico das mãos, suor, óleo e graxa que podem escorrer das junções e partes móveis do instrumento; destinado apenas para instrumentos com revestimento *prateado.*

**Polidor para metal (Metal polish)**
Este produto é indicado para os instrumentos que não possuem nenhum revestimento, estando no metal aparente, latão, bronze, alpaca ou partes niqueladas do instrumento.

## Lubrificantes

**Óleos sintéticos para pistões (Valve oil light, regular e vintage)**
Os óleos sintéticos fazem parte de uma vasta gama de produtos sintéticos fornecidos para o mercado mundial e hoje é a ultima palavra em lubrificação de alto desempenho e conservação de partes móveis e tubulações, além de não serem nocivos ao meio ambiente e visar o alto desempenho do instrumento; também são extremamente melhores para a saúde do músico.

## Óleos sintéticos para rotores (Rotor oil, Lever oil e Rotor spindle oil)

No caso de um mecanismo de rotor, ele é mais delicado e necessita de óleos de preferência sintéticos para ampliar a durabilidade das partes e densidades específicas, isto porque o *torque*, força exercida com movimento de alavanca, é diferente para cada peça, necessitando de densidade diferenciada do óleo para estes pontos.

## Graxas sintéticas para tubos de metal (Slide grease)

Exatamente como os óleos sintéticos, as graxas sintéticas, ou *grease* (graxa, em inglês), têm melhor desempenho que os produtos baseados em petróleo ou em vaselina.

Ao contrário da vaselina, as graxas sintéticas ao serem dispensadas pela tubulação do instrumento, removem resíduos que possam estar presos nas paredes internas, deixando o instrumento mais limpo e livre para vibrar, impedindo e retardando a oxidação ou corrosão no metal causadas por estes resíduos presos à parede interna do instrumento.

## Graxa para junção de flauta doce (Recorder cream)

Já estão disponíveis no mercado as graxas sintéticas para instrumentos com junções em ABS ou acrílico, tais como a flauta doce; esta graxa, além da lubrificação evitando o desgaste do material da junção, não agride a resina ABS.

## Graxas sintéticas para cortiça (Cork grease)

A cortiça é a casca de uma árvore, rara e muito cara. Nos instrumentos musicais, principalmente na família das madeiras, a cortiça é utilizada em grande escala nas junções das partes dos instrumentos e o uso de graxas sintéticas para sua conservação é imprescindível para o perfeito funcionamento do equipamento.

A utilização de produtos não adequados para este procedimento pode danificar definitivamente estas junções, necessitando da substituição imediata da cortiça.

## Óleo para madeira (Bore oil)

Trata-se de um óleo especial para o tratamento e a hidratação da madeira de instrumentos musicais, mantendo a qualidade e aumentado sua vida útil, evitando trincas e rachaduras na mesma.

A utilização de outros tipos de óleos, mesmo para madeiras, mas que não sejam específicos para instrumentos musicais, podem causar danos ao mecanismo do instrumento.

### Óleo sintético para gatilhos (Tuning slide oil)
Para o ajuste perfeito da afinação, vários instrumentos de metais, como o trompete, possuem gatilhos de afinação. Estes gatilhos possibilitam de forma rápida pequenos ajustes na afinação de notas específicas e o óleo sintético para gatilho garante o perfeito funcionamento desse recurso.

## Tecidos

Existem tecidos específicos para cada tipo de revestimento e que proporcionam maior durabilidade, brilho e conservação das partes revestidas.

### Flanela com silicone (Silicon cloth)
Este tecido recebe um tratamento especial com silicone que, ao se lustrar a superfície laqueada do instrumento, remove sujeiras, óleos, graxas, suor e manchas superficiais, criando uma fina camada de silicone que impedirá que novos resíduos afetem a laqueação e causem o efeito de descascar ou manchar o revestimento. Destinado apenas para instrumentos com o revestimento *laqueado*. Em vários casos a não utilização de produtos apropriados ou a utilização de produtos inadequados pode causar manchas aparentemente abaixo do verniz, porém que foram causadas por micro infiltrações de ácidos no verniz.

### Flanela para prata (Silver cloth)
A flanela para prata recebe um tratamento especial com o produto de polimento de prata e que ao ser utilizada sobre as partes prateadas, trás imediatamente o brilho da peça, removendo manchas e o escurecimento natural da prata. Para casos de escurecimento avançado deve-se utilizar o polidor de prata antes.
A utilização de produtos abrasivos ou não apropriados para este tipo de revestimento poderá causar a remoção da camada de prata e danificar a matéria prima do instrumento.

### Flanela para metal (Metal cloth)
Trata-se de uma flanela específica para as partes metálicas que não possuem nenhum revestimento e estão no metal aparente, além de auxiliar na remoção da oxidação; traz o brilho da superfície sem revestimento.

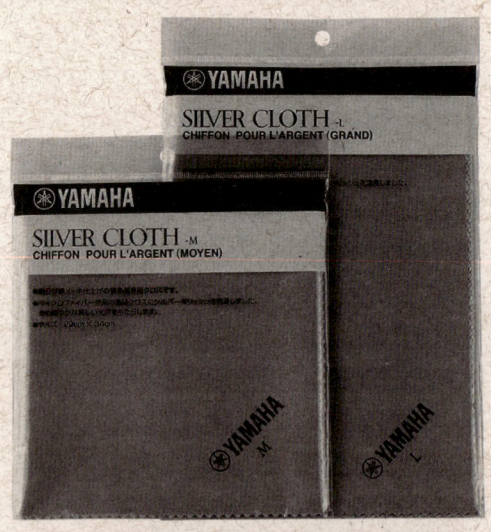

**Gaze para polimento (Polishing gauze)**
Ideal para remoção de umidade da parte interna e externa dos instrumentos de sopro; possui alto poder de absorção.

## Outros acessórios

**Hastes flexíveis e hastes fixas (ou rígidas)**
São hastes com escovas e buchas nas pontas para fazer a escovação interna da tubulação dos instrumentos e devem ser utilizadas no momento da lavagem periódica destes equipamentos.

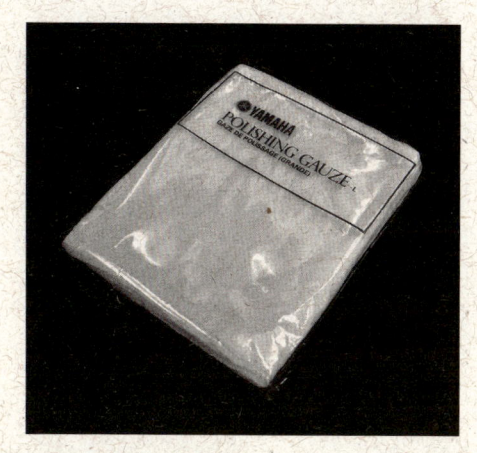

**Sabão para metal (Brass soap)**
Diferente do sabão convencional ou sabão neutro que interagem apenas com a sujeira ou resíduos, o sabão para metal possui princípio ativo diferente, interagindo diretamente com o metal e criando um processo de expulsão das impurezas depositadas sobre a parede interna; este processo proporciona uma limpeza mais rápida e profunda, sem agredir o corpo do instrumento, acabamento ou a saúde do músico.

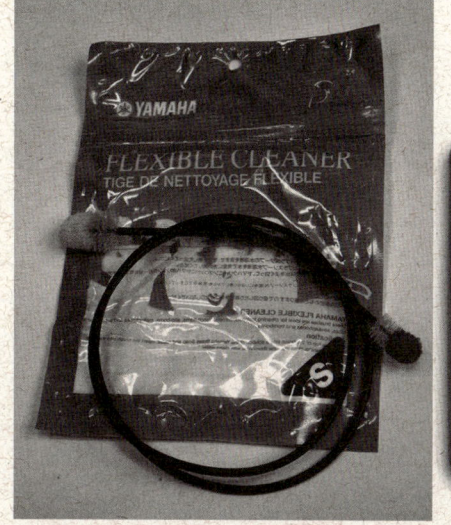

**Papéis para limpeza (Cleaning paper/Powder paper)**
*Cleaning paper* é ideal para secar as sapatilhas ou abafadores de instrumentos de madeira, tais como flautas, clarinetes e saxofones. Também auxiliam na remoção de resíduos acumulados nestas peças.
*Powder paper* é um papel com pó que remove o efeito de grudar as sapatilhas das flautas causados pelo acúmulo de enzimas de saliva; remove ruídos indesejáveis e o retardo no funcionamento do mecanismo.

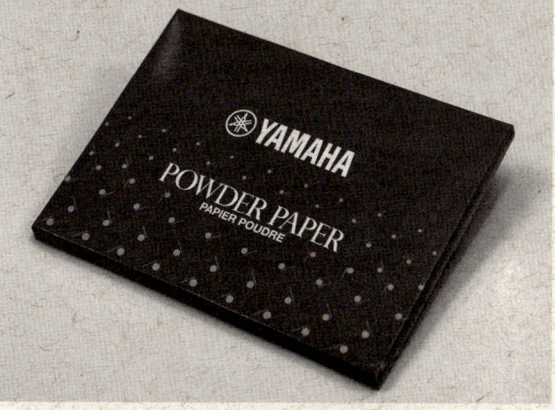

Utilizar produtos de limpeza, óleos e graxas não destinados aos instrumentos musicais pode prejudicar a saúde do músico, incluindo possíveis intoxicações, além de causar sérios danos ao equipamento e, em alguns casos, poderá ocasionar o não funcionamento e até a destruição total ou parcial do instrumento.

# Manutenção

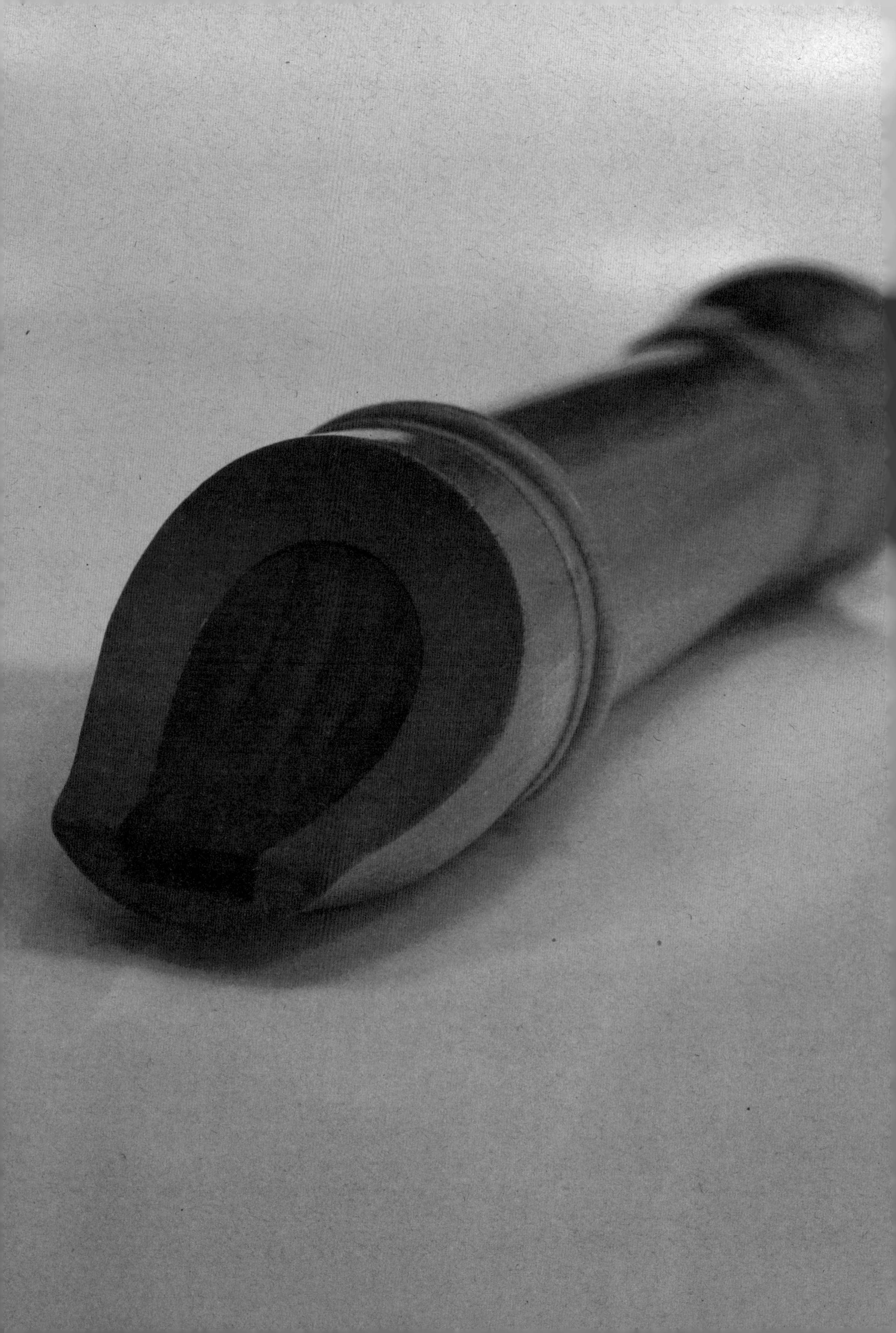

# Flauta doce

A flauta doce é um instrumento extremamente antigo e com importante papel dentro do cenário musical e educacional. A flauta doce é delicada e sensível, podendo ser confeccionada em diversos materiais.

Vamos abordar apenas três dos materiais mais utilizados para a fabricação destes instrumentos que são: resina ABS, ecodear e madeira.

**Resina ABS** – É um material sintético que, além de resistente, não sofre com alterações climáticas tais como frio ou calor em excesso, porém apesar de sua resistência e durabilidade, necessita de manutenção básica periódica.

**Ecodear** – É uma resina composta a partir do amido da planta (milho é o principal ingrediente atualmente utilizado) através de um processo que inclui a fermentação do ácido láctico e polimerização; tem aproximadamente a mesma resistência, durabilidade e aparência da resina ABS convencional, porém com redução da emissão de $CO_2$ em cerca de 20%.

**Madeira** – Na construção de flauta doce, alguns tipos de madeiras podem ser utilizadas; a escolha de cada madeira definirá as características sonoras do instrumento, dando ao dulcista (instrumentista que executa flauta doce) diversas possibilidades sonoras na execução musical[2].

As partes da flauta doce:

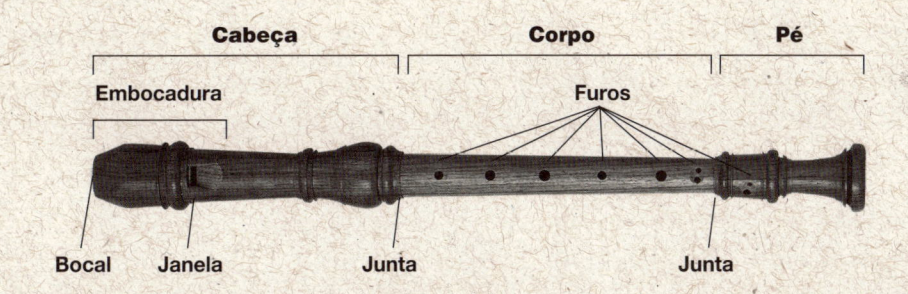

Na grande maioria dos modelos a cabeça, corpo e pé são separáveis e unidos por junções internas que chamamos de *juntas*; estas juntas facilitam a manutenção e higienização das partes.

Na parte interna da cabeça, existe uma peça muito importante que é o bloco sonoro. Ele é responsável pelo direcionamento do fluxo de ar para a janela e emissão sonora; se o bloco

---

[2] Ver *Matéria prima* (p. 9).

sonoro estiver sujo, deslocado ou alterado, a emissão sonora e afinação deste instrumento estarão comprometidas e, por isto, a manutenção desta peça é muito importante, devendo ser efetuada delicadamente.

O bloco sonoro está presente nos modelos de resina e de madeira e deve ser removido para que a higienização das peças seja efetuada.

Em alguns modelos de flauta doce, a cabeça é inteiriça e não possui o bloco sonoro removível, mas na grande maioria, esta peça pode ser retirada.

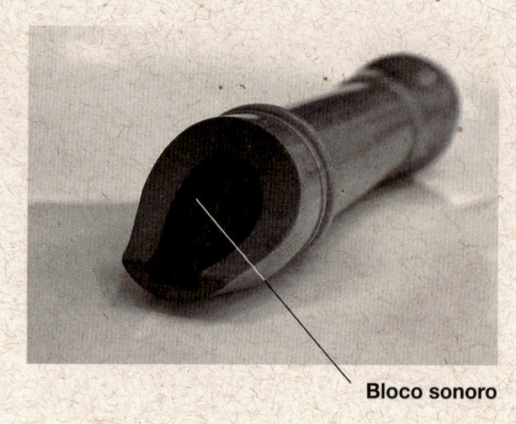

**Bloco sonoro**

## Manutenção de Flauta em resina ABS

A manutenção da falta doce é relativamente simples, porque os modelos soprano e contralto não possuem chaves ou mecanismos, e a matéria prima mais utilizada é a resina. Neste caso o instrumento pode ser desmontado removendo-se as partes superiores e inferiores, ou seja, bocal e pé do instrumento, e lavado em água corrente com detergente neutro e uma pequena escova macia.

No caso de modelos com bloco sonoro removível, este pode ser retirado com um lápis sem ponta empurrando de dentro para fora e, após a limpeza, deve ser devolvido ao seu local inicial.

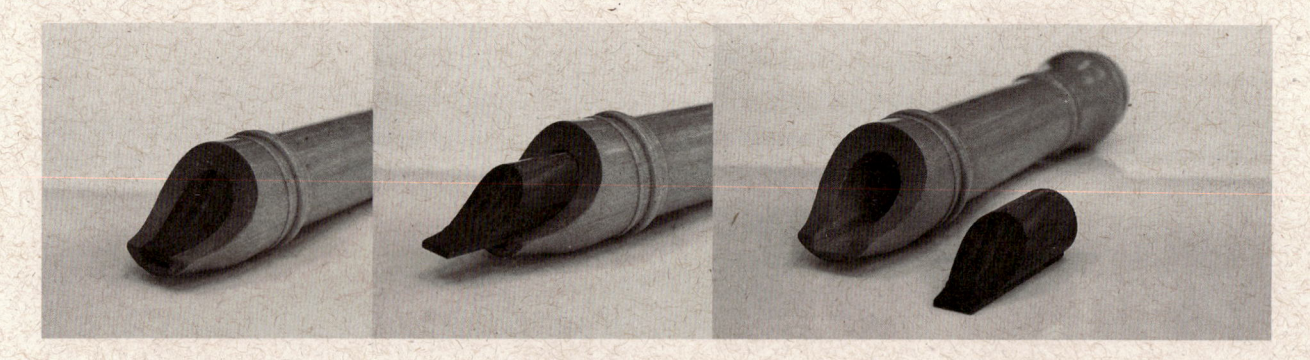

Para os modelos de flauta tenor e baixo, mecanismos com parafusos são utilizados e, neste caso, pode-se lavar o instrumento com água corrente normalmente, tomando cuidado para não danificar as sapatilhas ou abafadores das chaves e, após a lavagem do corpo do instrumento, o óleo para mecanismo leve (*Key Oil Light*) deve ser adicionado ao parafuso que sustenta a chave; desta forma evita-se a oxidação deste eixo.

Para a montagem das partes, deve-se utilizar a graxa sintética (*Recorder cream*) para junção de flauta doce.

## Manutenção de flauta em madeira

Para os modelos em madeira deve-se conservar o instrumento sempre seco para evitar trincas ou a expansão da madeira que ocasionará o travamento das partes superiores e inferiores; se isto ocorrer, o instrumento deverá ser encaminhado a um técnico capacitado.

As flautas de madeira são mais sensíveis e necessitam de um tratamento diferenciado, isto porque **não poderão** ser lavadas como os modelos em resina.

Uma flauta doce de madeira nova, deve ser utilizada apenas por 10 minutos ao dia nas primeiras duas semanas, isto porque a madeira deverá se acostumar com a temperatura e umidade que receberá ao ser utilizada; este procedimento evitará trincas futuras.

Outro procedimento que evita trincas em flautas doces de madeira é aquecer o instrumento com as mãos; a cabeça da flauta deve estar na temperatura do corpo.

Nos modelos em madeira a hidratação do instrumento é importante e esta manutenção deve ser efetuada por um profissional; o óleo normalmente utilizado para a hidratação é o óleo para madeira *Bore oil*.

Utilize a graxa sintética (*Recorder cream*) para lubrificar as juntas de cortiça do instrumento.

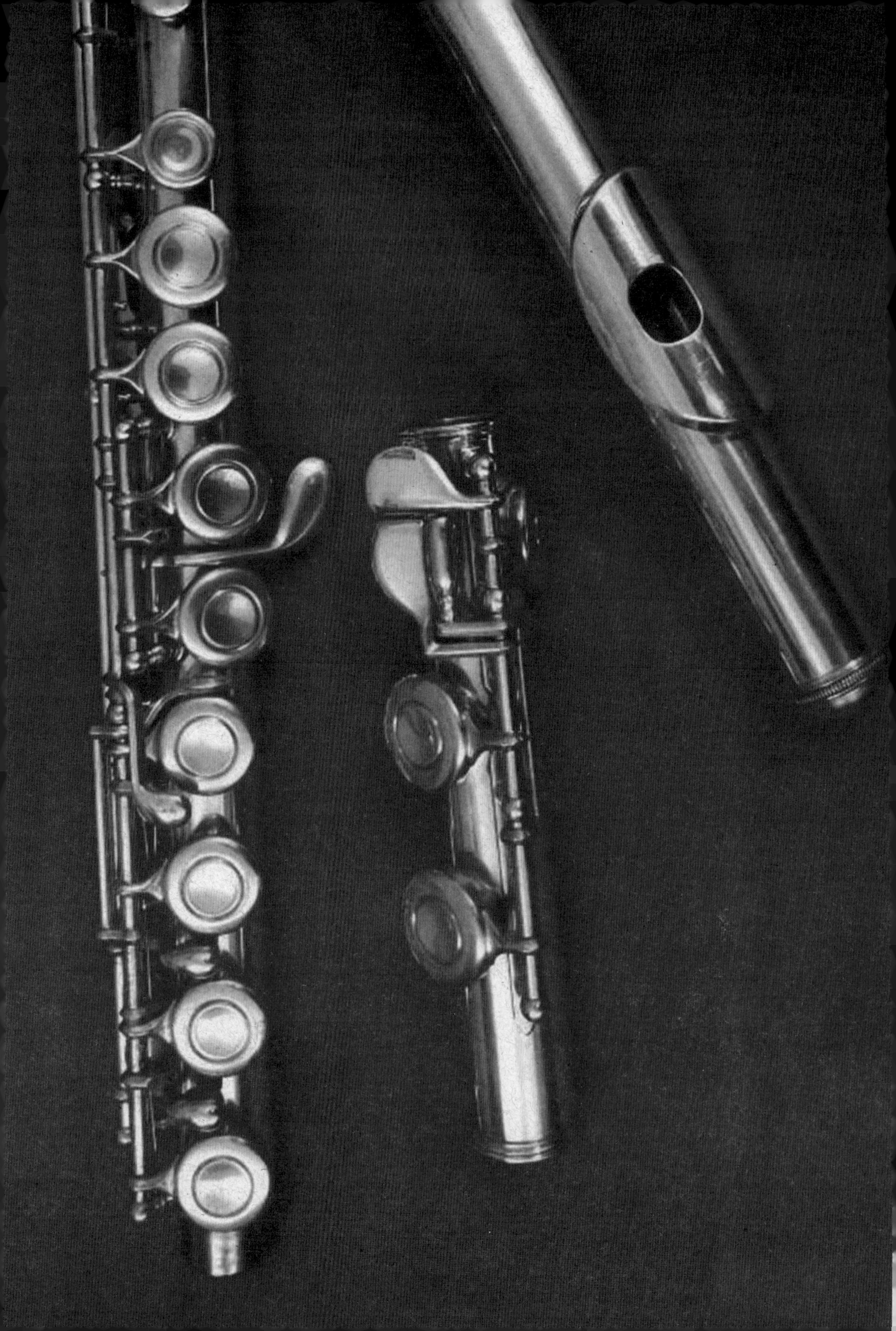

# Flauta transversal

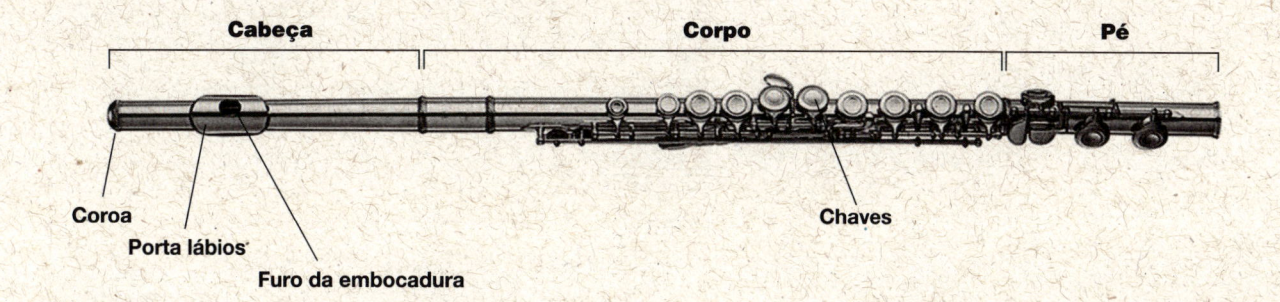

*Diagrama da flauta com as partes: Cabeça, Corpo, Pé. Indicações: Coroa, Porta lábios, Furo da embocadura, Chaves.*

A flauta transversal é construída em vários tipos de materiais, porém os que demonstram melhor qualidade sonora são quatro:

**Alpaca** - Mistura de liga de metais.[3]

**Prata** – é utilizada pela Yamaha com 92,5% de pureza do metal, por este motivo possui o número 925 gravado nas peças confeccionadas em prata.

**Ouro** – normalmente utilizado na construção de flautas artesanais.

**Madeira** – como o ouro, também é muito utilizado para construção de instrumentos artesanais.

Cada tipo de matéria prima tem suas peculiaridades e grau de fragilidade, por isso veremos a seguir a forma ideal de montagem e desmontagem de uma flauta transversal para que, neste processo, o músico não comprometa a integridade do produto, nem a regulagem dos mecanismos do instrumento.

## Forma correta e local correto de segurar o corpo do instrumento

Sempre que possível, devemos evitar o contato direto com as chaves e mecanismos das chaves do instrumento para não ocorrerem danos a estas estruturas; uma pequena força exercida sobre estas partes pode impossibilitar o funcionamento do equipamento.

Nas flautas Yamaha, um pequeno ponto de marcação irá guiar a posição ideal de ajuste destas partes; o encaixe do bocal, ou cabeça, na parte superior do corpo e o pé da flauta na parte inferior deve ser feito com muito cuidado e sem exercer força demasiada; se esta conexão está livre demasiadamente (encaixando e desencaixando com facilidade), um técnico capacitado deve ser procurado para fazer o ajuste das junções com a ferramenta e a técnica corretas.

---

[3] Ver *Matéria prima* (p. 9).

Outro importante ponto é que nunca devemos descansar o instrumento em uma posição que pressione o mecanismo. Muitos músicos, quando não estão com o instrumento nas mãos, o colocam em um local plano com as chaves para baixo; isto irá desregular as chaves e também irá forçar as sapatilhas, danificando sua estrutura básica e diminuindo o tempo de vida da sapatilha; devemos descansar o instrumento com as chaves pra cima conforme a imagem ao lado.

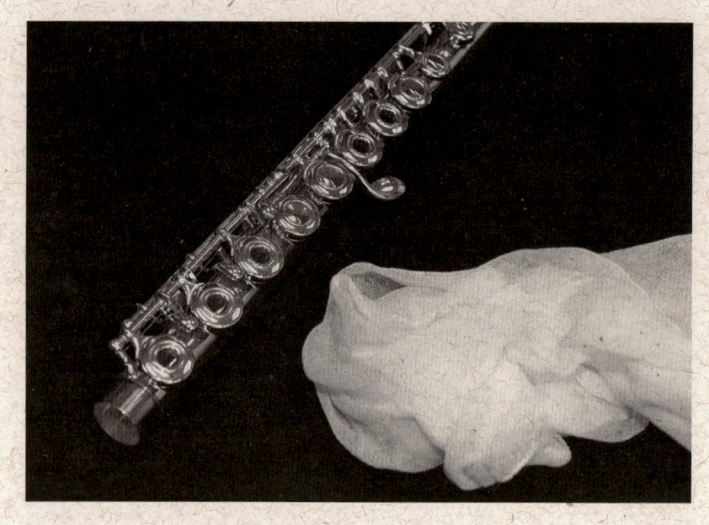

Devem ser utilizados os seguintes itens para a manutenção da flauta transversal:

**Vara de limpeza**
**Gaze**
**Flanela para prata (Silver cloth)**
**Polidor para prata (Silver polish)**

O revestimento das flautas de metal normalmente é feito em prata e sua conservação é trabalho do músico; esta tarefa é bem simples quando executada de forma correta, com produtos específicos para este tipo de manutenção. Para isto, mostramos abaixo como fazer a manutenção do revestimento em uma flauta transversal.

Para o cotidiano, na limpeza da superfície após a utilização do instrumento pode-se utilizar uma flanela comum, macia, para não causar danos ou riscos na superfície. Caso exista algum ponto de escurecimento leve, a flanela para prata deverá ser utilizada sobre a superfície do instrumento.

Se o escurecimento persistir, o liquido polidor de prata (*Silver polish*) poderá ser utilizado: deve-se espalhar uma pequena quantidade do líquido em uma flanela comum macia, aplicar com cuidado sobre a parte escurecida e depois polir levemente com uma flanela macia e limpa.

Nunca se deve aplicar quantidade demasiada de polidor para prata; este líquido poderá escorrer para as sapatilhas ou abafadores[4] do instrumento, danificando estas partes sensíveis, ou também penetrar nos eixos dos mecanismos, causando oxidação interna e mau funcionamento das partes.

Deve-se evitar deixar o instrumento descansar fora do estojo, isto porque o enxofre existente no ar irá interagir com esta superfície, causando o escurecimento precoce do revestimento.

---

[4] Também são chamadas de *almofadas*.

# Manutenção ocasional do instrumento

Manutenção ocasional é aquela que devemos fazer sempre que o instrumento é utilizado.

## Secagem interna do instrumento

Para secar a parte interna da flauta, iremos utilizar a haste de limpeza e um tecido fino, de boa absorção de líquido, de preferência uma gaze.

Inserimos a ponta do tecido na fenda da ponta da haste, enrolamos recobrindo toda a haste para que não haja contato da parte rígida da haste com a parede interna do instrumento; em seguida inserimos a haste dentro do corpo do instrumento, passando de um lado e retirando do outro.

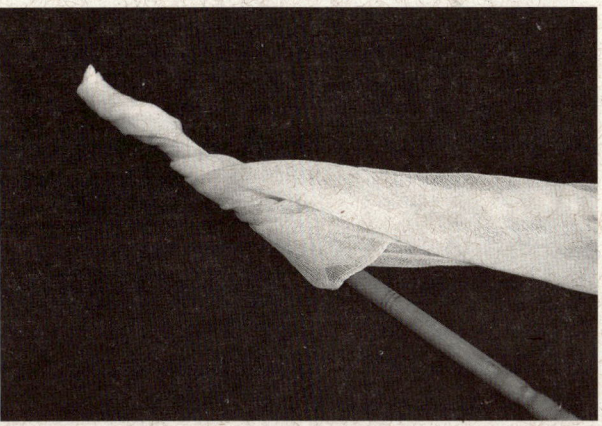

Em seguida, iremos secar as sapatilhas com o papel especial de sapatilha; este papel irá retirar a umidade das sapatilhas evitando o ressecamento e rompimento precoce da pele que as recobre, além de evitar que "grude" na chaminé ou orifício do instrumento causando ruído no momento da execução musical.

## Lubrificação dos mecanismos

Para lubrificar o mecanismo do instrumento, não é necessário desmontá-lo ou alterar qualquer regulagem deste equipamento, vamos utilizar para este procedimento um palito de dente e o óleo para chave de flauta transversal que também é conhecido por óleo *Light*.

Com cuidado, colocamos na ponta do palito de dente uma gota de óleo que iremos inserir nas junções do mecanismo do instrumento; para identificar o local correto, deve-se movimentar a chave que se deseja lubrificar, verificar os pontos de movimento da peça e colocar a gota de óleo onde terminar o movimento da chave ou seja, entre as colunas e a chave ou nas fissuras entre uma chave e outra conforme fotos a seguir.

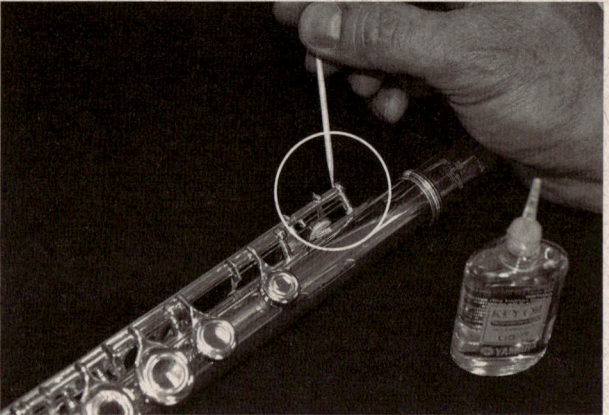

Após inserir o óleo, deve-se movimentar a chave várias vezes para que o óleo possa penetrar no mecanismo e, então, seca-se a peça com uma gaze para retirar o excesso.

Deve-se repetir este processo em todas as chaves, efetuando o procedimento chave a chave, caso contrário o óleo poderá escorrer para as sapatilhas ou abafadores, causando o rompimento precoce da pele que recobre a sapatilha.

## Afinação do instrumento

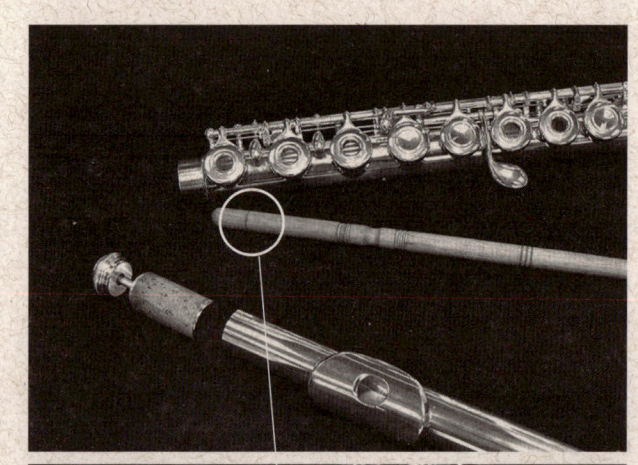

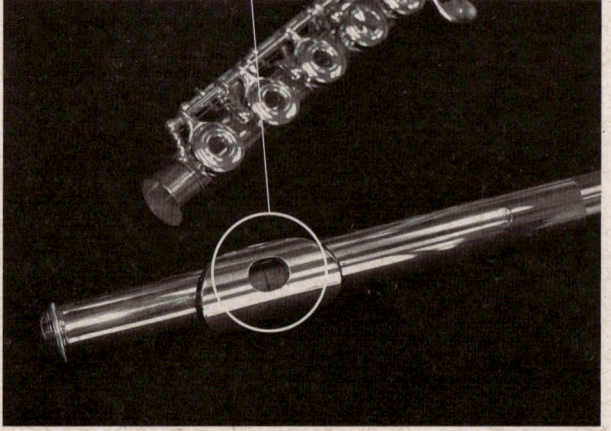

Muitas pessoas não sabem, mas a haste de limpeza também é a guia para a verificação da afinação do instrumento; nela existe uma marca que, quando inserida na parte interna do bocal, irá sinalizar o local correto da cortiça interna da cabeça do instrumento; este posicionamento não é a *afinação*, mas sim a posição ideal para a cortiça.

Para confirmar esta posição, devemos inserir a haste com a marcação para cima dentro da cabeça da flauta; a marca deverá aparecer no centro do orifício do porta-lábio; caso não esteja no local correto, um ajuste manual pode ser feito com o auxilio da coroa do instrumento. A coroa da flauta não deve ser deslocada se o músico não tem a segurança de operar este mecanismo, também nunca deve ser removida do local.

Caso a marcação da haste esteja **abaixo** do necessário, gire levemente a coroa no sentido **horário**; desta forma o parafuso da parte interna será retraído e o ressonador e a cortiça se deslocarão para cima; se a haste estiver **acima** do necessário, deve-se girar levemente a coroa no sentido **anti-horário** e depois apertar levemente a coroa para deslocar a peça interna para baixo; é importante passar do ponto central e depois repetir o passo anterior para levar a marcação ao local correto. Se a cortiça interna não tiver mais pressão por estar ressecada, um técnico deverá ser procurado para substituí-la.

Uma dúvida constante entre os músicos é referente à conservação do bocal; normalmente dois erros cometidos são:

**1–** Colocar o bocal da flauta transversal na água sem remover a coroa e a cortiça interna do bocal, irá danificar a cortiça, alterar o tamanho e em pouco tempo, tanto a cortiça quanto o ressonador e coroa estarão completamente soltos, correndo o risco da perda das peças.

**2–** Remover a cortiça interna do bocal da flauta sem ferramentas apropriadas e sem técnica para efetuar o procedimento pode danificar a peça. Esta regulagem é especial para não comprometer a capacidade vibracional da parede do bocal e sua substituição deve ser efetuada por um técnico capacitado.

Evite colocar sobre o corpo da flauta tecidos úmidos tais como a gaze utilizada para secar a parte interna do instrumento; este tecido deverá ser transportado fora do estojo, pois, caso ele tenha contato com o instrumento, a umidade irá evaporar e se espalhar sobre o corpo e sapatilhas, causando o mau funcionamento do instrumento ou escurecimento do revestimento.

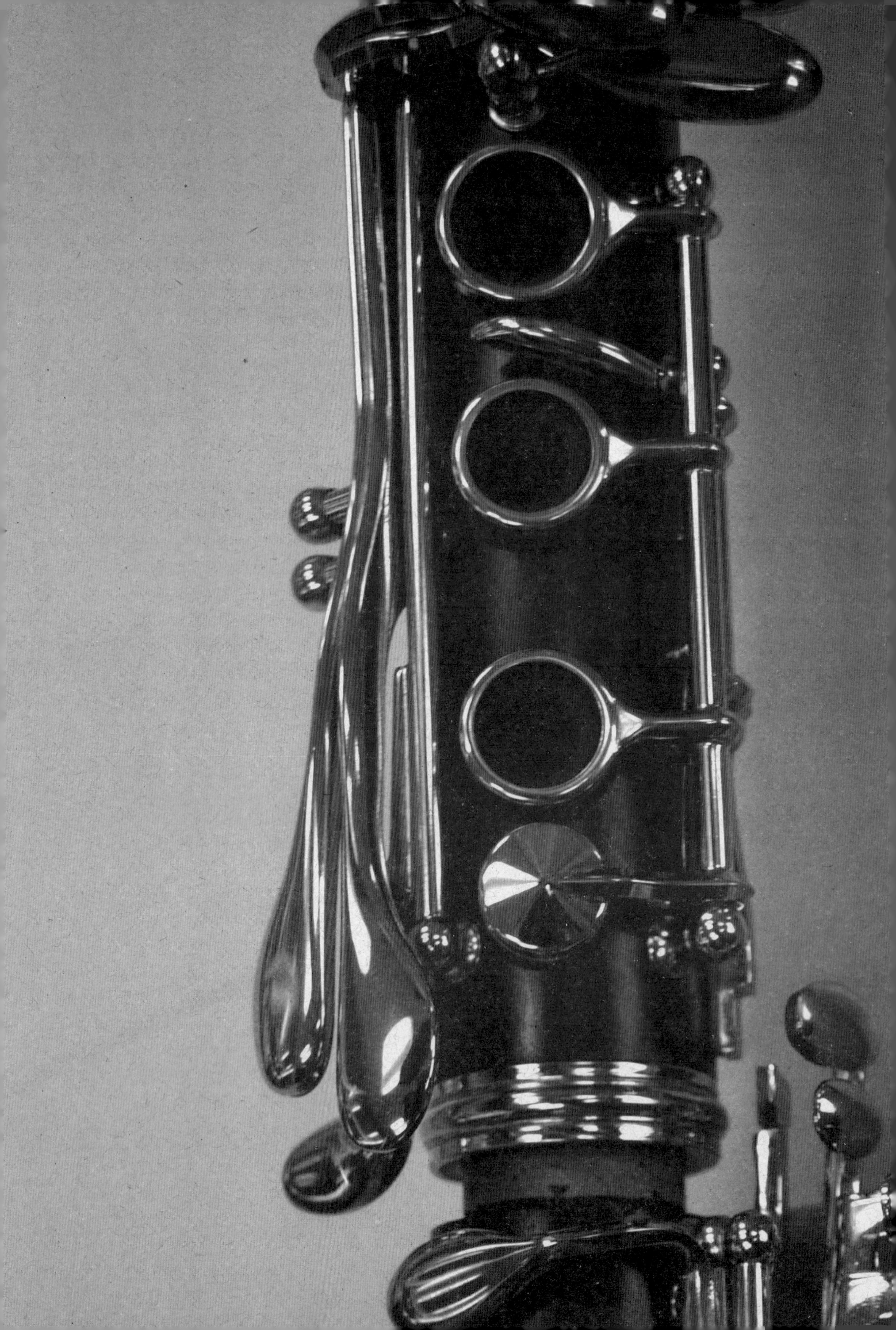

# Clarinete

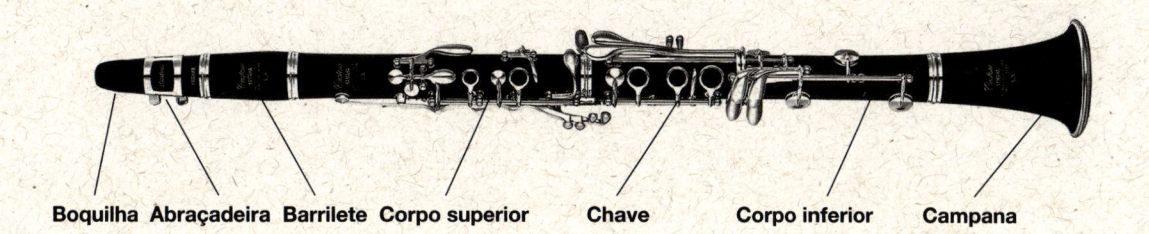

Boquilha  Abraçadeira  Barrilete  Corpo superior  Chave  Corpo inferior  Campana

O clarinete é construído em vários tipos de materiais, porém os que demonstram melhor qualidade sonora são:

**Resina ABS** – Resina sintética.[5]

**Ébano** – Madeira escura e resistente.[6]

**Grenadilla** – Madeira com características similares ao ébano.[7]

**Tecnologia Duet+** – Construção em madeira com revestimento interno de resina para evitar o contato da saliva com a madeira, evitando rachaduras e trincas no corpo do instrumento.

Cada tipo de matéria prima tem suas peculiaridades e grau de fragilidade, por isto veremos a seguir a forma ideal de montagem e desmontagem para que, neste processo, o músico não comprometa a integridade nem a regulagem dos mecanismos do instrumento.

## Forma correta e local correto de segurar o corpo do instrumento

Sempre que possível devemos evitar o contato direto com mecanismos e chaves do instrumento para não causar danos a estas estruturas; uma pequena força exercida sobre estas partes poderá impossibilitar parcial ou completamente o funcionamento do equipamento.

As junções das partes do clarinete possuem uma cortiça (material de origem vegetal, leve e com grande poder isolante) e o encaixe deve ser feito com muito cuidado e sem exercer força demasiada para não danificá-la; a melhor forma de encaixar as conexões sem danificar a cortiça é utilizando periodicamente a graxa sintética para cortiça (*Slide grease*); a utilização deste creme manterá a condição ideal da cortiça por mais tempo, evitando o ressecamento e deterioração do material, além da fuga de água e ar no local. Se a conexão está livre demasiadamente (encaixando e desencaixando com facilidade), um técnico capacitado deve ser procurado para que faça o

---

[5, 6, 7] Ver *Matéria prima* (p. 9).

ajuste das junções com a ferramenta e técnica correta; a falta deste reparo pode ocasionar desencaixe acidental e queda das partes do clarinete.

O alinhamento das partes do clarinete pode ser feito da seguinte maneira:

**Palheta** – Parte plana da boquilha, acompanhando o formato da ponta da boquilha.
**Abraçadeira** - Colocada sobre a boquilha e palheta para fixar as duas peças.
**Boquilha** – Alinhamento com as chaves do corpo superior.
**Barrilete** – Sem necessidade de alinhamento por se tratar de um curto tubo em forma de barril que possui todos os lados idênticos.
**Corpos superior e inferior** – alinhados com a chave de conexão e com orifícios dos corpo superior e inferior (v. foto abaixo).
**Campana** – Alinhamento da marca do instrumento na direção dos orifícios do corpo do instrumento.

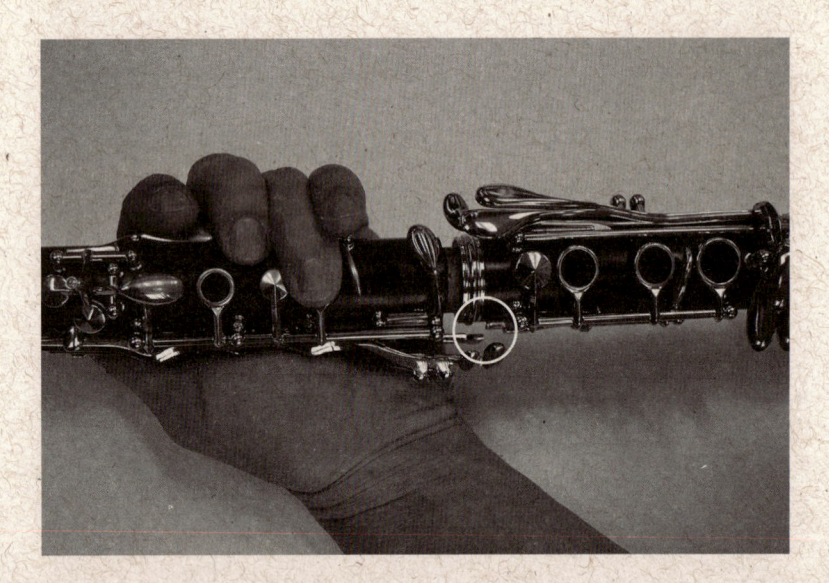

Outro importante ponto é que nunca se deve descansar o instrumento em uma posição que pressione o mecanismo; muitos músicos quando não estão com os instrumentos nas mãos, colocam-no em um local plano com as chaves para baixo; este procedimento irá desregular as chaves e também irá forçar as sapatilhas, danificando sua estrutura básica e diminuindo o tempo de vida da sapatilha; devemos sempre descansar o instrumento em um suporte adequado.

## Manutenção

Materiais necessários:

**Tecido com guia**
**Gaze**
**Escova para boquilha**
**Flanela para prata (Silver cloth)**
**Polidor para prata (Silver polish)**
**Papéis para limpeza (Cleaning paper)**

**Óleo para mecanismo**
**Óleo para madeira (Bore oil)**
**Haste de limpeza**

A manutenção ocasional do clarinete é aquela que devemos fazer sempre que o instrumento é utilizado.

Para secar a parte interna do clarinete, um tecido com guia é utilizado.

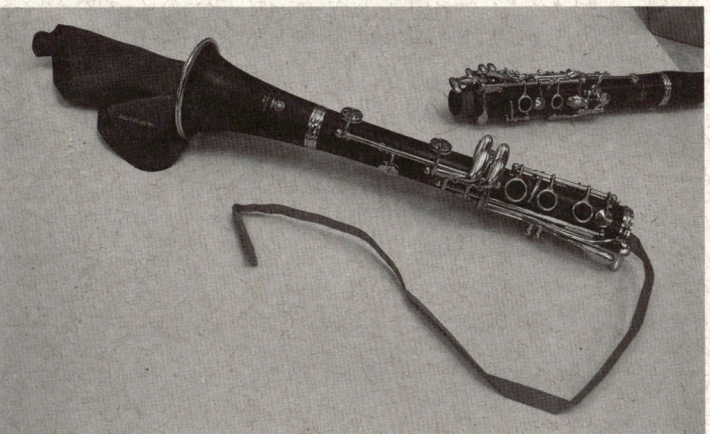

Em seguida, iremos secar as sapatilhas com o papel especial; este papel irá retirar a umidade das sapatilhas (abafadores) evitando o ressecamento e rompimento precoce da pele que as recobre, além de evitar a aderência da sapatilha na chaminé ou orifício do instrumento, causando ruído no momento da execução musical.

## Manutenção periódica

**Lubrificação do mecanismo**

A lubrificação do mecanismo de um instrumento musical é necessária por diversos motivos.

Como o eixo dos clarinetes é confeccionado em aço e as chaves e mecanismos são confeccionados em alpaca, o atrito direto entre estas partes metálicas ocasionará o desgaste do metal mais fraco, ou seja, do mecanismo e das chaves.

Este desgaste produzirá ruídos no mecanismo, este ruído será transferido para as colunas e então amplificado pelo corpo do instrumento.

É comum encontrarmos instrumentos com problemas de ruído e desregulagem causada pelo desgaste das partes devido a falta de lubrificação; estes problemas comprometem diretamente o desempenho do músico.

Em seu estágio inicial, este desgaste pode ser corrigido por um técnico capacitado, porém em um estágio avançado, pode causar a inutilização da peça, sendo necessária a substituição do mecanismo.

A função do óleo sintético fino ou *Light* é criar uma camada protetora entre o mecanismo e o eixo, eliminando o atrito direto das peças e isolando os ruídos naturais de cada parte, desta forma o mecanismo flutuará sobre o óleo e deixará as molas cumprirem seu papel sem a necessidade de alterar sua pressão.

Para lubrificar o mecanismo do instrumento, não é necessário desmontá-lo ou alterar qualquer regulagem deste equipamento. Utiliza-se para este procedimento um palito de dente e o óleo sintético para chave de clarinete que também é conhecido por óleo sintético *Light*.

Com cuidado, colocamos na ponta do palito de dente uma pequena gota de óleo que iremos inserir nas junções do mecanismo do instrumento; para identificar o local correto, deve-se movimentar a chave que se deseja lubrificar, verificar os pontos de movimento da peça e colocar a gota de óleo onde terminar o movimento da chave, ou seja, entre as colunas e a chave ou nas fissuras entre uma chave e outra, conforme as fotos abaixo.

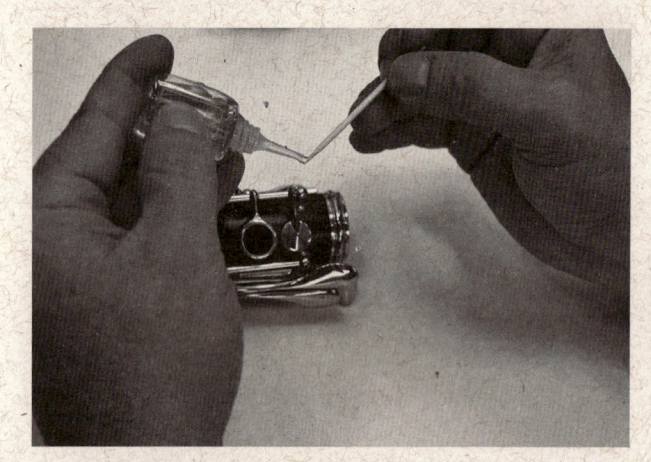

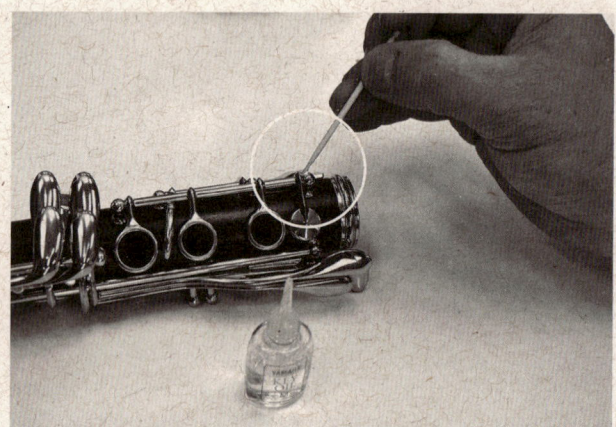

Após inserirmos o óleo, deve-se movimentar a chave algumas vezes para que o óleo penetre no mecanismo e, então, remover o excesso com uma gaze ou tecido.

Este processo deve ser repetido em todas as chaves, efetuando o procedimento chave a chave e não em todas de uma vez para não correr o risco do óleo escorrer para as sapatilhas ou abafadores, causando o rompimento precoce da pele que a recobre.

Quando o clarinete é devolvido para o estojo, deve-se evitar colocar sobre suas partes tecidos úmidos tais como a gaze utilizada para secar a parte interna do instrumento. Este tecido deverá ser transportado fora do estojo; caso ele tenha contato com o instrumento, a umidade irá evaporar e se espalhar sobre o corpo e sapatilhas, causando o mau funcionamento do mecanismo, escurecimento do revestimento do instrumento e alteração da durabilidade da madeira.

Caso o instrumento seja guardado sem remover a umidade, a sapatilha sofrerá alteração na sua construção, vibrando em excesso com a passagem de ar, produzindo um ruído.

Um clarinete em perfeitas condições de utilização deve emitir som desde os graves até os agudos sem que o músico exerça força demasiada sobre as chaves, ou seja, somente com um leve toque do músico, as chaves deverão vedar corretamente.

**Hidratação da madeira**

A madeira se diferencia dos metais e resinas pela necessidade de hidratação periódica; sem esta manutenção, trincas e rachaduras poderão aparecer no instrumento, causando a necessidade de correção destas fissuras ou a substituição da peça danificada.

## críticos

**QUEM PODE RESOLVER?**
Técnico autorizado **T**  Músico (ou Professor) **M**

| CORREÇÃO | | AÇÃO DE CONSERVAÇÃO | | PRODUTO ADEQUADO PARA CONSERVAÇÃO |
|---|---|---|---|---|
| | **M** | Limpeza periódica do instrumento | **M** | Sabão neutro, haste de limpeza |
| | **T** | Lubrificar juntas antes de conectar as partes | **M** | Graxa para cortiça |
| conexões | **T** | Lubrificar juntas antes de conectar as partes | **M** | |
| ca | **M** | Polimento e limpeza periódica | **M** | Polidor para prata e flanela de prata |
| | **T** | Efetuar montagem correta | **M** | |
| | **M** | Lubrificação periódica | **M** | Óleo sintético para flauta e *piccolo* |
| | **M** | Secagem constante das sapatilhas | **M** | Papel de limpeza de sapatilhas e papel com pó para sapatilhas |
| | **T** | Efetuar montagem correta | **M** | |
| ca | **M** | Polimento e limpeza periódica | **M** | Polidor para prata e flanela de prata |
| | **T** | Efetuar montagem correta | **M** | |
| | **M** | Lubrificação periódica | **M** | Óleo sintético para clarinete |
| | **T** | Lubrificação periódica | **M** | Graxa sintética para cortiça |
| | **T** | Hidratação semestral | **M** | Óleo para madeira |
| om camara interna média | **M** | Dominar embocadura antes de mudar para boquilha mais aberta (grande) | **M** | |
| om camara interna média | **M** | Dominar embocadura antes de mudar para boquilha mais fechada (menor) | **M** | |
| tha | **M** | Secagem constante das sapatilhas | **M** | Papel para secagem de sapatilha |
| ca | **M** | Polimento e limpeza periódica | **M** | Polidor para prata e flanela de prata |
| perfície | **M** | Polimento e limpeza periódica | **M** | Polidor para laqueado |
| | **T** | Efetuar montagem correta | **M** | |
| | **M** | Lubrificação periódica | **M** | Óleo sintético para saxofone |
| | **M** | Lubrificação periódica | **M** | Óleo sintético para saxofone |
| | **T** | Efetuar montagem correta | **M** | |
| | **M** | Lavagem periódica do pescoço | **M** | Sabão para metal |
| om camara interna média | **M** | Dominar embocadura antes de mudar para boquilha mais aberta (grande) | **M** | |
| com camara interna média | **M** | Dominar embocadura antes de mudar para boquilha mais fechada (menor) | **M** | |
| ilha | **T** | Secagem constante das sapatilhas | **M** | Papel para secagem de sapatilha |
| ca | **M** | Polimento e limpeza periódica | **M** | Polidor para prata e flanela de prata |
| perfície | **M** | Polimento e limpeza periódica | **M** | Polidor para laqueado |
| | **M** | Limpeza e lavagem periódica | **M** | Haste flexível, sabão para metal, graxa e óleo sintético |
| | **M** | Limpeza e lavagem periódica | **M** | Haste flexível, sabão para metal, graxa e óleo sintético |
| anutenção | **T** | Limpeza e lavagem periódica | **M** | Haste flexível, sabão para metal |
| | **M** | Limpeza e lavagem periódica | **M** | Haste flexível, sabão para metal |
| | **T** | Cuidados básicos com o instrumento | **M** | Escova para limpeza e porta-bocal resistente |
| taça média | **M** | Dominar embocadura antes de mudar para bocal mais aberto (taça grande) | **M** | |
| taça média | **M** | Dominar embocadura antes de mudar para bocal mais fechado (taça pequena) | **M** | |
| | **M** | Limpeza e lavagem periódica | **M** | Haste flexível, sabão para metal, graxa e óleo sintético |
| sica | **M** | Polimento e limpeza periódica | **M** | Polidor para prata e flanela de prata |
| perfície | **M** | Polimento e limpeza periódica | **M** | Polidor para laqueado |
| a | **M** | Diminuir a quantidade de óleo ou creme para vara | **M** | Borrifador de água, óleo ou creme para vara |
| | **M** | Limpeza e lavagem periódica | **M** | Haste flexível, sabão para metal, graxa e óleo sintético |
| utenção | **T** | Limpeza e lavagem periódica | **M** | Haste flexível, sabão para metal |
| | **M** | Limpeza e lavagem periódica | **M** | Haste flexível, sabão para metal, vareta de limpeza e gaze |
| | **T** | Cuidados básicos com o instrumento | **M** | Escova para limpeza e porta-bocal resistente |
| aça média | **M** | Dominar embocadura antes de mudar para bocal mais aberto (taça grande) | **M** | |
| aça média | **M** | Dominar embocadura antes de mudar para bocal mais fechado (taça pequena) | **M** | |
| | **M** | Limpeza e lavagem periódica | **M** | Haste flexível, sabão para metal, graxa e óleo sintético |
| gica | **M** | Polimento e limpeza periódica | **M** | Polidor para prata e flanela de prata |
| perfície | **M** | Polimento e limpeza periódica | **M** | Polidor para laqueado |
| a | **M** | Limpeza e lavagem periódica | **M** | Haste flexível, sabão para metal, graxa e óleo sintético |
| o | **M** | Limpeza e lavagem periódica | **M** | Haste flexível, sabão para metal, graxa e óleo sintético |
| anutenção | **T** | Limpeza e lavagem periódica | **M** | Haste flexível, sabão para metal |
| n taça média | **M** | Dominar embocadura antes de mudar para bocal mais aberto (taça grande) | **M** | |
| n taça média | **M** | Dominar embocadura antes de mudar para bocal mais fechado (taça pequena) | **M** | |
| | **M** | Limpeza e lavagem periódica | **M** | Haste flexível, sabão para metal, graxa e óleo sintético |

# Tabela de pontos

| INSTRUMENTO | CONSULTAS FREQUENTES | POSSÍVEL CAUSA | |
|---|---|---|---|
| **Flauta doce** | Som grave não sai com facilidade | Sujeira no bloco | Limpar cabeça da fla... |
| | Conexões da flauta estão duras | Dilatação da matéria prima (madeira ou resina) | Ajustar conexões |
| | Conexão presa, peça não pode ser removida | Falta de manutenção ou dilatação da matéria prima | Remover junção e aj... |
| **Flauta Transversal** | Escurecimento do acabamento | Oxidação natural da prata | Polimento e limpeza |
| | Desregulagem do mecanismo | Montagem incorreta | Regular mecanismo |
| | Mecanismo lento | Falta de óleo | Lubrificar mecanismo |
| | Sapatilha grudando | Resíduos de saliva na sapatilha | Secagem das sapatil... |
| | Conexões apertadas ou frouxas | Desgaste natural ou montagem incorreta | Expandir junções |
| **Clarinete** | Escurecimento do acabamento | Oxidação natural da prata | Polimento e limpeza |
| | Desregulagem do mecanismo | Montagem incorreta | Regular mecanismo |
| | Mecanismo lento | Falta de óleo | Lubrificar |
| | Conexões frouxas | Ressecamento da cortiça da junção | Substituir cortiças |
| | Conexões duras ou não encaixam | Expansão da madeira | Ajustar conexões |
| | Notas agudas altas e notas graves baixas | Boquilha com cama interna muito aberta (grande) | Substituir por boquilh... |
| | Notas agudas baixas e notas graves altas | Boquilha com cama interna muito fechada (pequena) | Substituir por boquilh... |
| | Não emite som ou tem vazamento | Sapatilha rompida | Substituir mola ou sa... |
| **Saxofone** | Escurecimento do acabamento (acabamento prateado) | Oxidação natural da prata | Polimento e limpeza b... |
| | Manchas na laqueação (acabamento laqueado) | Ácido úrico, resíduo de saliva | Limpeza periódica da... |
| | Desregulagem do mecanismo | Montagem incorreta | Regular mecanismo |
| | Mecanismo lento | Falta de óleo | Lubrificar |
| | Mecanismo com ruído | Falta de óleo | Lubrificar |
| | Conexão do pescoço (*tudel*) frouxa | Desgaste do material | Expandir junção |
| | Som pobre e sem projeção | Sujeira na parte interna do pescoço (*tudel*) | Lavagem do pescoço |
| | Notas agudas altas e notas graves baixas | Boquilha com cama interna muito aberta (grande) | Substituir por boquilh... |
| | Notas agudas baixas e notas graves altas | Boquilha com cama interna muito fechada (pequena) | Substituir por boquilh... |
| | Não emite som ou tem vazamento | Sapatilha rompida | Substituir mola ou sap... |
| **Trompete** | Escurecimento do acabamento (acabamento prateado) | Oxidação natural da prata | Polimento e limpeza b... |
| | Manchas na laqueação (acabamento laqueado) | Ácido úrico, resíduo de saliva | Limpeza periódica da s... |
| | Pistões lentos ou falhando | Sujeira nos pistões | Desmontagem e limpe... |
| | Gatilhos pesados | Falta de manutenção | Lavagem do instrumen... |
| | Gatilhos travados | Desalinhamento ou falta de manutenção | Remoção do gatilho e... |
| | Som escuro e sem brilho | Ponteira de encaixe do bocal suja | Lavagem da tubulação |
| | Força demasiada para emitir som | Saída de ar do bocal amassada | Reparo da peça |
| | Notas agudas altas e notas graves baixas | Bocal com taça muito aberta (grande) | Substituir por bocal co... |
| | Notas agudas baixas e notas graves altas | Bocal com taça muito fechada (pequena) | Substituir por bocal co... |
| | Som pobre e sem projeção | Resíduos ou oxidação interna do tubo de embocadura (*leadpipe*) | Lavagem do instrumen... |
| **Trombone** | Escurecimento do acabamento (acabamento prateado) | Oxidação natural da prata | Polimento e limpeza b... |
| | Manchas na laqueação (acabamento laqueado) | Ácido úrico, resíduo de saliva | Limpeza periódica da s... |
| | Vara com pequena resistência durante o deslizamento | Sujeira interna na capa da vara | Desmontagem e limpez... |
| | Cuvas de afinação difíceis de serem retiradas | Falta de manutenção | Lavagem do instrumen... |
| | Cuvas de afinação travadas | Desalinhamento ou falta de manutenção | Remoção da curva e m... |
| | Som escuro e sem brilho | Tubulação interna da vara suja | Lavagem da tubulação |
| | Força demasiada para emitir som | Saída de ar do bocal amassada | Reparo da peça |
| | Notas agudas altas e notas graves baixas | Bocal com taça muito aberta (grande) | Substituir por bocal co... |
| | Notas agudas baixas e notas graves altas | Bocal com taça muito fechada (pequena) | Substituir por bocal co... |
| | Som pobre e sem projeção | Resíduos ou oxidação interna do tubo de embocadura (*leadpipe*) | Lavagem do instrumen... |
| **Tuba** | Escurecimento do acabamento (acabamento prateado) | Oxidação natural da prata | Polimento e limpeza b... |
| | Manchas na laqueação (acabamento laqueado) | Ácido úrico, resíduo de saliva | Limpeza periódica da... |
| | Pistões lentos ou falhando | Sujeira nos pistões | Desmontagem e limpez... |
| | Curvas pesadas | Falta de manutenção | Lavagem do instrumen... |
| | Curvas travadas | Queda ou falta de manutenção | Remoção do gatilho e r... |
| | Notas agudas altas e notas graves baixas | Bocal com taça muito aberta (grande) | Substituir por bocal co... |
| | Notas agudas baixas e notas graves altas | Bocal com taça muito fechada (pequena) | Substituir por bocal co... |
| | Som pobre e sem projeção | Resíduos ou oxidação interna do tubo de embocadura (*leadpipe*) | Lavagem do instrumen... |

Encarte do livro "Sopro Novo Bandas Yamaha – Caderno de manutenção", de Araken Busto. Não pode ser vendido separadamente.

Para esta hidratação, um óleo especial de madeira deve ser utilizado. Os materiais necessários e a forma correta para esta hidratação é a seguinte:

**Óleo para madeira (Bore oil)**
**Gaze**
**Haste de limpeza**

**1**– Inserir a gaze na fenda da haste de limpeza e enrolar recobrindo todo o acessório.

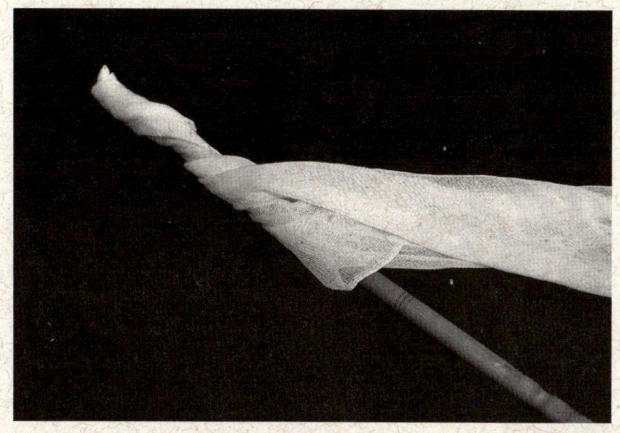

**2**– Colocar uma pequena quantidade de óleo especial para madeira (*Bore oil*) na ponta da gaze.
**3**– Inserir a vareta recoberta com gaze na parte interna do instrumento.
**4**– Fazer movimentos giratórios com a vareta para espalhar o óleo especial para madeira nas paredes internas do corpo do instrumento.

**Importante**: a madeira funciona como uma esponja absorvendo o óleo pela parte interna e expelindo o excesso pela parte externa. Por esse motivo apenas uma pequena quantidade de óleo deve ser aplicada. A aplicação exagerada fará com que o excesso eliminado pela parede externa acabe danificando as sapatilhas do instrumento.

Uma dica é que o instrumento de madeira seja encaminhado anualmente para um técnico capacitado e que após uma desmontagem do mecanismo e chaves, as partes de madeira passem por um banho completo, aguardar expelir todo o excesso e só então a remontagem do instrumento será feita; dependendo da quantidade de óleo aplicada e o estado da madeira, ela poderá expelir óleo por dois ou três dias consecutivos antes de estar pronta para a remontagem.

Óleos não adequados ao tratamento de madeira de instrumentos musicais poderão alterar seu tempo de expulsão, deixando o instrumento *pegajoso* ou grudento, danificando a sapatilha e em muitos casos, alterando a qualidade sonora.

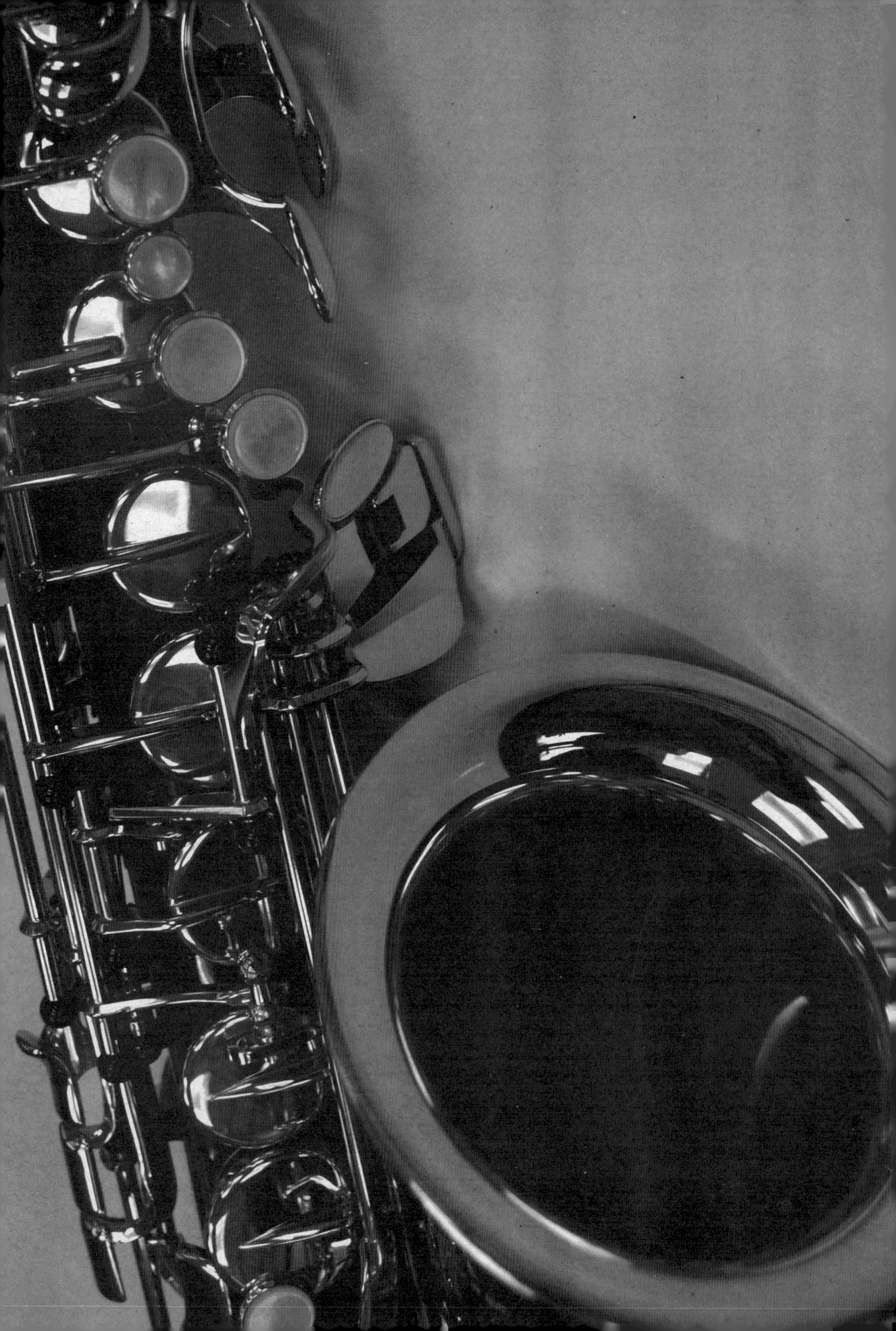

# Saxofone

## Montagem do Saxofone

Normalmente o saxofone é construído em latão amarelo, mas algumas partes podem ser construídas em diferentes materiais tais como prata, cobre e outros mesclados.

Cada tipo de matéria prima tem suas peculiaridades e grau de fragilidade, por isso veremos abaixo a forma ideal de montagem e desmontagem de um saxofone para que neste processo o músico não comprometa sua integridade, nem a regulagem dos mecanismos do instrumento.

## O corpo do instrumento

Sempre que possível, devemos evitar colocar força excessiva sobre o mecanismo e chaves do instrumento para que não ocorram danos a estas estruturas; a força excessiva poderá impossibilitar o funcionamento parcial ou completo do equipamento.

No saxofone temos duas junções, uma da boquilha, que possui cortiça, onde o encaixe deve ser feito com muito cuidado e sem exercer força demasiada para não danificá-la; a melhor forma de encaixar a boquilha sem danificar a cortiça é utilizando periodicamente a graxa sintética para cortiça (*Cork grease*); a utilização deste produto manterá sua condição ideal por mais tempo, evitando o ressecamento e deterioração do material, além de impedir a fuga de água e ar do local. Se a conexão está livre demais (encaixando e desencaixando com muita facilidade), um técnico capacitado deve ser procurado para fazer a substituição da cortiça; a falta deste reparo pode ocasionar dificuldade de afinar o instrumento, isto porque a afinação do saxofone é feita nesta junção da boquilha com o pescoço (foto ao lado).

Outra conexão importante é a do corpo com o pescoço do saxofone. Esta conexão precisa ser justa a ponto de um leve aperto na abraçadeira do corpo fixar firmemente o pescoço do saxofone; se isto não ocorrer, um técnico capacitado deve ser procurado para fazer o ajuste das partes; caso o ajuste não seja efetuado, poderá ocorrer o rompimento do parafuso da abraçadeira do corpo ou o desgaste da rosca da abraçadeira, necessitando de um reparo mais invasivo (foto ao lado).

Para o alinhamento do pescoço com o corpo do saxofone, é importante lembrar que existe uma tolerância entre a posição central (encaixe do mecanismo da chave de oitava e o centro da conexão), isto porque o músico pode optar por utilizar o saxofone em posição ligeiramente fora do centro.

Outro importante ponto é que nunca se deve descansar o instrumento em uma posição que pressione o mecanismo, ou seja, colocar em um local plano com as chaves para baixo, este procedimento irá desregular as chaves e também irá forçar as sapatilhas, danificando sua estrutura básica e diminuindo o tempo de vida da sapatilha; devemos sempre descansar o instrumento em um suporte adequado.

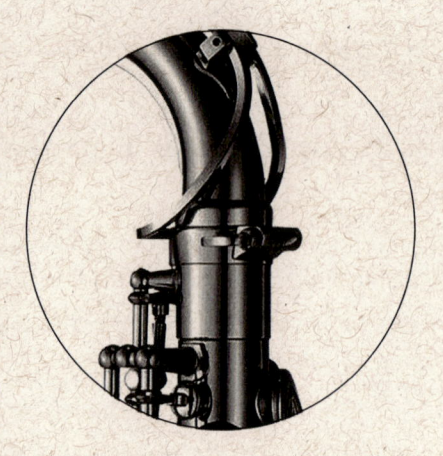

Para efetuar a manutenção serão necessários os seguintes produtos:

**Tecido com guia**
**Gaze**
**Escova para boquilha**
**Flanela para laqueado (Silicon cloth)**
**Polidor para laqueado (Lacquer polish)**
**Papéis para limpeza (Cleaning paper)**

## Manutenção ocasional do instrumento

A manutenção ocasional do saxofone é aquela que devemos fazer sempre que o instrumento é utilizado.

Para secar a parte interna do saxofone, deve-se utilizar um tecido com guia.

Em seguida, deve-se secar as sapatilhas com o papel especial de sapatilha; este papel irá retirar a umidade evitando o ressecamento da pele que a recobre e um rompimento precoce desta pele, além de evitar que a sapatilha "grude" na chaminé ou orifício do instrumento causando ruído no momento da execução musical.

## Lubrificação do mecanismo

A lubrificação do mecanismo de um instrumento musical é necessária por diversos motivos.

Como o eixo dos saxofones é confeccionado em aço e as chaves e mecanismos são confeccionados normalmente em latão amarelo, o atrito direto entre estas partes metálicas ocasionará o desgaste do metal mais fraco, ou seja, do mecanismo e das chaves.

Este desgaste produzirá ruídos no mecanismo; este ruído será transferido para as colunas e então amplificado pelo corpo do instrumento.

É comum encontrarmos instrumentos com problemas de ruído e desregulagem causada pelo desgaste das partes devido à falta de lubrificação; estes problemas comprometem diretamente o desempenho do músico.

Em seu estágio inicial, este desgaste pode ser corrigido por um técnico capacitado, porém em um estágio avançado pode causar a inutilização da peça, sendo necessária a substituição do mecanismo.

A função do óleo sintético *Heavy* é criar uma camada protetora entre o mecanismo e o eixo, eliminando o atrito direto das peças e isolando os ruídos naturais de cada parte. Desta forma o mecanismo flutuará sobre o óleo e deixará as molas cumprirem seu papel sem a necessidade de alterar sua pressão.

Para lubrificar o mecanismo do instrumento não é necessário desmontá-lo ou alterar qualquer regulagem; utiliza-se para este procedimento um palito de dente e o óleo sintético para chave de Saxofone.

Com cuidado, colocamos na ponta do palito de dente uma gota de óleo que iremos inserir nas junções do mecanismo do instrumento; para identificar o local correto, deve-se movimentar a chave que se deseja lubrificar, verificar os pontos de movimento da peça e colocar a gota de óleo onde terminar o movimento da chave, ou seja, entre as colunas e a chave, ou nas fissuras entre uma chave e outra, conforme fotos abaixo.

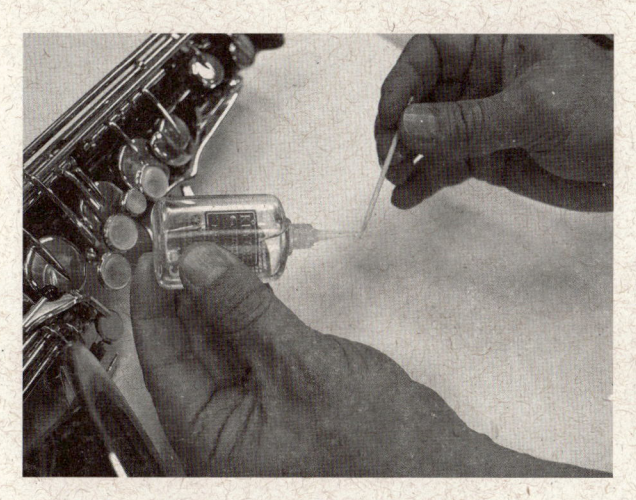

Após inserirmos o óleo, deve-se movimentar a chave algumas vezes para que o óleo possa penetrar no mecanismo e, então, remover o excesso com uma gaze ou tecido.

Este processo deve ser repetido em todas as chaves, efetuando o procedimento chave a chave para não correr o risco do óleo escorrer para as sapatilhas ou abafadores, causando o rompimento precoce da pele que recobre a sapatilha.

Quando o saxofone é devolvido ao estojo, deve-se evitar colocar sobre suas partes, tecidos úmidos tais como a gaze utilizada para secar a parte interna do instrumento. Este tecido deverá ser transportado fora do estojo; caso ele tenha contato com o instrumento, a umidade irá evaporar e se espalhar sobre o corpo e sapatilhas, causando o mau funcionamento do mecanismo, escurecimento do revestimento do instrumento e alteração da durabilidade da sapatilha.

Em instrumentos da familia das madeitas, molas de aço temperado podem ser utilizadas; estas molas possuem formato de agulhas e são mais suscetíveis à oxidação em locais com maresia, para isto a limpeza destas molas se faz necessária. Normalmente resíduos de pó e de pelos das flanelas se fixam nestas molas, trazendo umidade para o metal e causando oxidação.

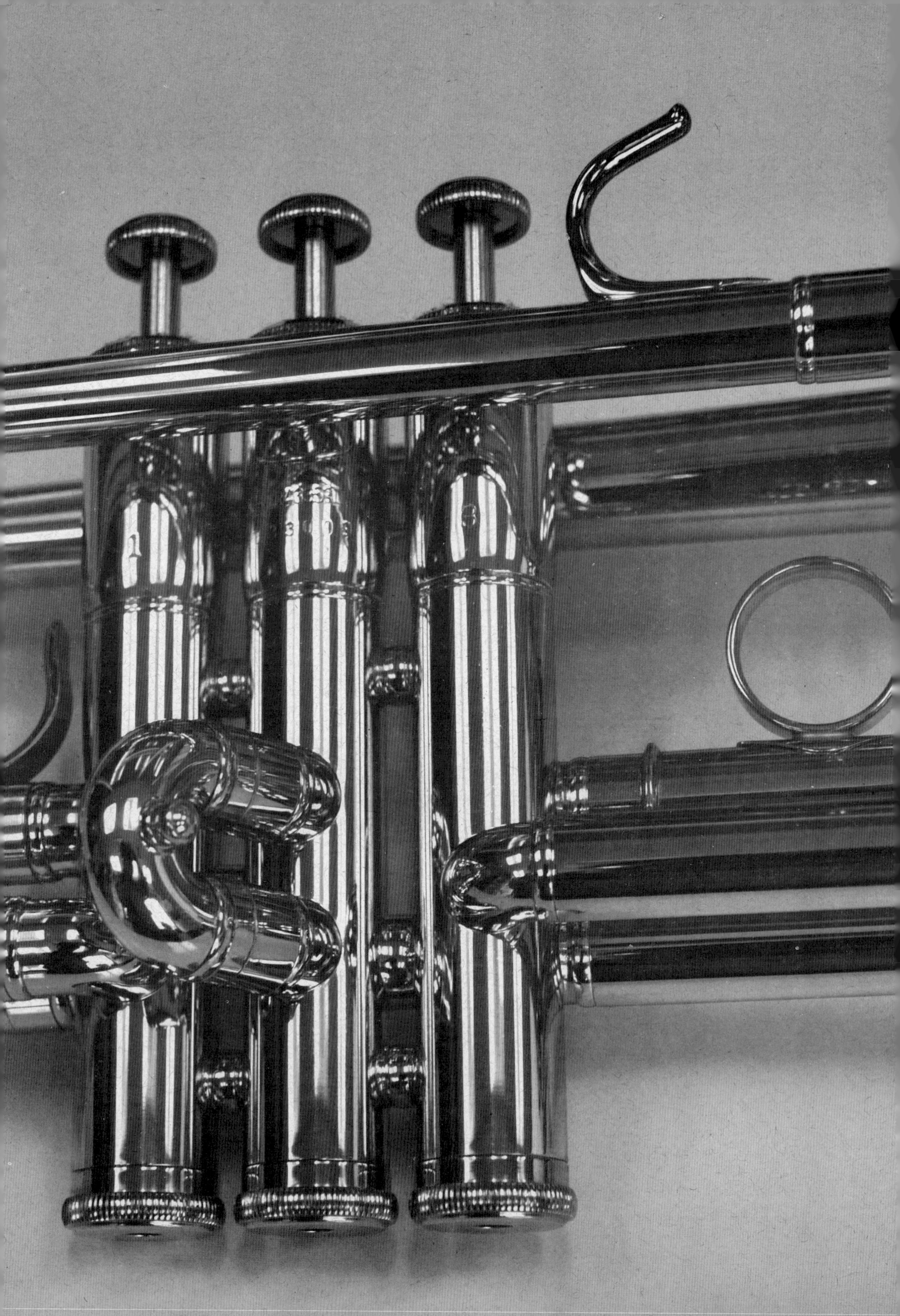

# Trompete

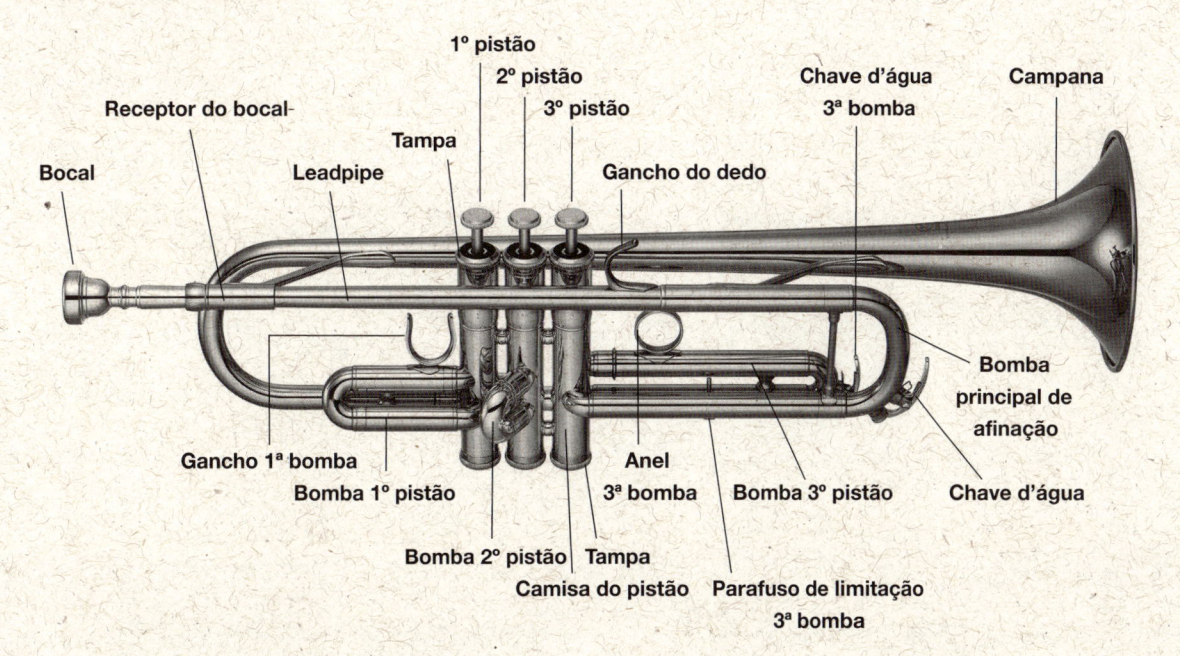

*Diagram labels:*
- Bocal
- Receptor do bocal
- Leadpipe
- Tampa
- 1º pistão
- 2º pistão
- 3º pistão
- Gancho do dedo
- Chave d'água 3ª bomba
- Campana
- Gancho 1ª bomba
- Bomba 1º pistão
- Bomba 2º pistão
- Tampa
- Camisa do pistão
- Anel 3ª bomba
- Bomba 3º pistão
- Parafuso de limitação 3ª bomba
- Bomba principal de afinação
- Chave d'água

## Desmontagem do trompete

Existe uma ordem exata para desmontagem de cada instrumento musical; devemos levar em conta a estrutura do instrumento e o grau de resistência estrutural necessário no momento de retirada de cada uma das peças móveis que esteja mais difícil de ser removida.

Deve-se levar em conta que o instrumento é uma construção e que, como toda a construção, possui colunas que o sustentam e o mantém intacto; se retirarmos estas colunas e exercermos pressão ou força demasiada sobre o que restou, o resultado será a possível alteração na estrutura ou até o rompimento de pontos de soldas.

Uma dica é retirar as peças "das mais difíceis para as mais fáceis", ou seja, remover o que está difícil de ser removido primeiro e depois remover as que estão completamente livres.

> **Importante**: se uma peça está travada e não se move mesmo aplicando uma força mediana, jamais se deve exercer uma força maior. Neste caso o instrumento deve ser levado a um técnico capacitado para a correta remoção e ajuste da peça. A melhor e mais eficiente forma de evitar estes problemas é executar peridicamente a manutenção preventiva no equipamento.

Quando o instrumento está em boas condições, a ordem de desmontagem normal e correta é a seguinte:

**1**– Curva de afinação do 2° pistão

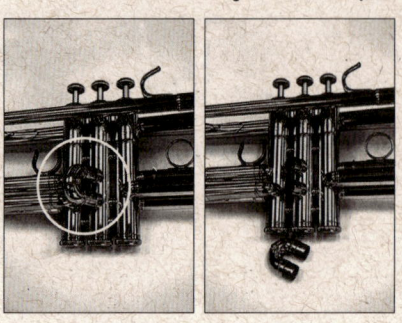

**2**– Curva de afinação geral

**3**– Gatilhos 1° pistão/3° pistão

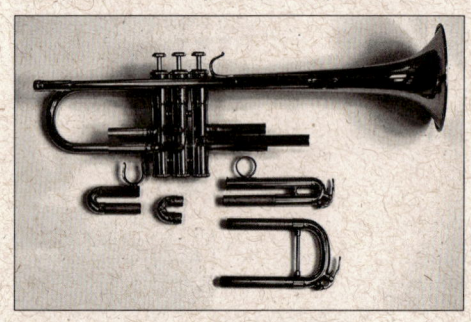

**4**– Tampas inferiores dos pistões

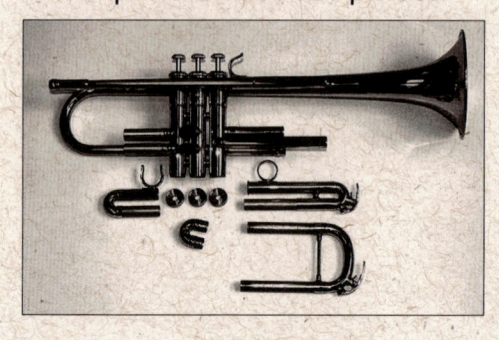

**5**– Pistões 1 2 e 3.

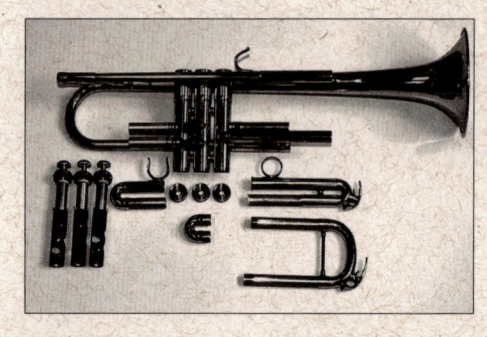

**6**– Remoção das hastes dos pistões
**7**– Remoção das molas
**8**– Remoção das guias

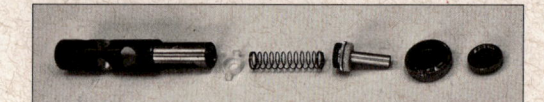

Com esta sequência de desmontagem o alinhamento das camisas dos pistões e posicionamento dos tubos dos gatilhos estarão intactos mesmo após diversas montagens e desmontagens.

## Pontos críticos do trompete

O trompete e demais instrumentos de bocal, possui alguns pontos críticos que precisam de cuidados especiais.

**Leadpipe** - é um tubo cônico colocado no inicio da tubulação de um instrumento de sopro e responsável pela criação da maior parte dos harmônicos e timbre deste instrumento. Por ser uma peça importante para as questões sonoras e estar próximo da boca do músico, a manutenção desta parte deve ser efetuada com frequência para que não haja corrosão interna ou acúmulo de sujeira, o que poderá criar fungos e bactérias, e trazer ao músico problemas respiratórios além de dificuldades para emitir som.

**Ponteira** – a ponteira é a peça onde o bocal é encaixado; quando a manutenção periódica desta peça não é efetuada, resíduos se acumulam, causando alterações no timbre.

**Pescoço do bocal** – pescoço do bocal é o tubo abaixo da taça do bocal e que é responsável pelo correto direcionamento do fluxo de ar para dentro do instrumento, suas características originais e integridade devem ser mantidas.

Sujeira na parte interna do pescoço e amassados ou trincas na saída do pescoço do bocal irão alterar o fluxo de ar, inutilizando todo o trabalho feito pelo músico para criar a pressão exata do ar dentro do instrumento, comprometendo o resultado sonoro.

# Lavagem do instrumento

Após a desmontagem, devemos fazer a lavagem das peças deste instrumento e necessitaremos de alguns acessórios para esta ação; são eles:

> **Recipiente para lavagem**
> **Água morna**
> **Sabão para metal (Brass soap)**
> **Haste rígida de limpeza**
> **Escova de limpeza**
> **Escova para bocal**

**Lavagem do corpo do instrumento**

1– Em um recipiente onde o corpo do instrumento possa ser colocado, deposite água morna, entre 30 e 40°C, e o sabão para metal (1 parte de sabão para 10 partes de água). Deposite o corpo do instrumento e deixamos descansar por 5 minutos.

2– Após este tempo, utilizaremos a haste flexível para escovar e limpar a parte interna da tubulação do instrumento com movimentos para frente e para trás; o *Flexible cleaner* possui uma ponta especial para limpeza do corpo e outra para a limpeza do *leadpipe*.

3– Com a escova de camisa de pistão, escovaremos levemente a parte interna da camisa dos pistões (foto ao lado).

4– Enxaguar o instrumento em água corrente.

**Importante**: as partes metálicas da escova não devem raspar na camisa do pistão para não causar danos nas paredes internas.

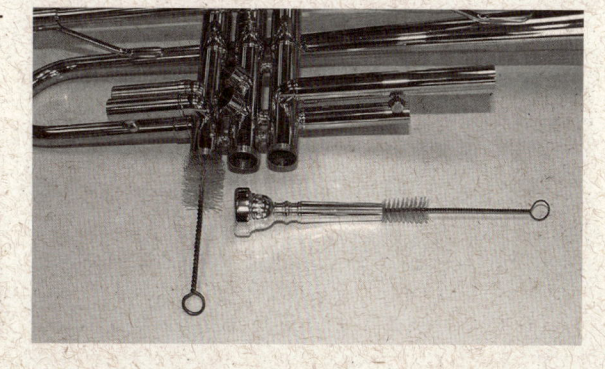

### Curvas de afinação

1– No mesmo recipiente que lavamos o corpo do instrumento inserimos as curvas ou bombas de afinação e deixamos repousar por 5 minutos.
2– Com a haste flexível fazemos a escovação interna nas peças.
3– Enxaguar em água corrente.
4– Secagem das peças com uma gaze.

## Montagem do instrumento

Para efetuar a montagem, necessitaremos do óleo e graxa para as curvas de afinação:

**Óleo sintético para pistões extra fino** ou leve (*Light*), indicado para instrumentos artesanais.
**Óleo sintético para pistões Regular**, indicado para instrumentos de modelos estudantis até profissionais.
**Óleo sintético para pistões Grosso** (*Vintage*), indicado para instrumentos de grosso calibre ou com condição de desgaste avançado.
**Óleo sintético para gatilhos** (*Tuning slide oil*).
**Graxa sintética** para conexão dos tubos de curvas de afinação.

### Montagem dos pistões

1– Inserimos as tampas inferiores das camisas dos pistões.
2– Posicionamos o pistão 1 com a numeração para a frente e inserimos a guia de pistão na fenda superior do pistão com a ponta maior da guia para o lado esquerdo e a face com encaixe da mola para cima e baixamos a guia até a parte inferior interna do pistão.
3– Em um local plano, posicionamos o pistão em pé e inserimos a mola.
4– Com cuidado, giramos a mola até que ela esteja no centro do tubo (conforme fotos abaixo).
5– Colocamos uma gota de óleo para pistão sobre a mola.
6– Fechamos a tampa superior mantendo ao máximo a mola no centro do pistão.
7– Inserimos o pistão na camisa relativa à sua numeração com o número do pistão voltado para a ponteira do bocal.
8– Colocamos algumas gotas de óleo no pistão e fechamos a rosca superior da camisa.
9– Repetimos o processo com os pistões 2 e 3.

**Vista superior da mola posicionada no interior do pistão.**

## Montagem das curvas

**1**– após secar as peças, encaixamos o anel móvel do gatilho "modelos com recurso de ajuste disponível", apertamos o parafuso de fixação do gatilho e inserimos o gatilho do pistão 3 no tubo do pistão 3 e colocamos um pouco de *Slide oil* sobre os tubos de encaixe; movimentamos a peça e inserimos o parafuso de trava do gatilho.

**2**– Inserimos a curva do pistão 1 no tubo de encaixe do pistão 1 e colocamos um pouco de *Slide oil* nos tubos de conexão do 1° pistão.

**3**– Com a ponta do dedo, espalhamos um pouco de *Slide Grease* sobre a superfície externa da curva do 2° pistão e inserimos a peça no receptor do 2° pistão.

Removemos os resíduos de óleo ou *Grease* que possam ter ficado sobre a superfície externa do instrumento.

# Dicas importantes

A periodicidade de lavagem do instrumento depende de vários fatores, como frequência de uso e higiene bucal, porém um dos agravantes para deterioração do instrumento é o contato das enzimas digestivas presentes na saliva e produzida pelo organismo quando estamos com fome, momento inicial do processo digestivo. Estas enzimas serão inseridas na tubulação através do ar e se fixarão nas paredes internas, causando corrosão acelerada do metal de dentro para fora do instrumento. Para evitar este tipo de problema, aconselhamos a lavagem após a utilização do instrumento em horários de alimentação, quando o músico estiver sentindo muita fome.

Outra dica importante é que ao terminarmos de tocar, deve ser retirado o máximo de umidade da parte interna do instrumento e em seguida, colocamos uma gota de óleo sintético em cada pistão, movimentamos os pistões ao mesmo tempo em que sopramos ar dentro do instrumento, este processo fará com que o óleo sintético se espalhe nos pistões e tubulações internas, evitando a oxidação natural do metal até a próxima utilização do instrumento.

Para utilizar o instrumento em uma próxima vez, não devemos inserir mais óleo nos pistões, isto porque o óleo que foi inserido no momento em que o instrumento foi armazenado está presente, apenas perdeu a umidade, se colocando um estado mais denso e dando a impressão da necessidade de lubrificação.

O que devemos fazer neste caso é soprar dentro da tubulação do instrumento e a umidade condensada da saliva irá levar o óleo ao seu estado original, trazendo então o perfeito funcionamento do equipamento.

**Importante**: óleos e graxas em excesso podem impedir o correto funcionamento do instrumento, além de causar o desperdício do produto.

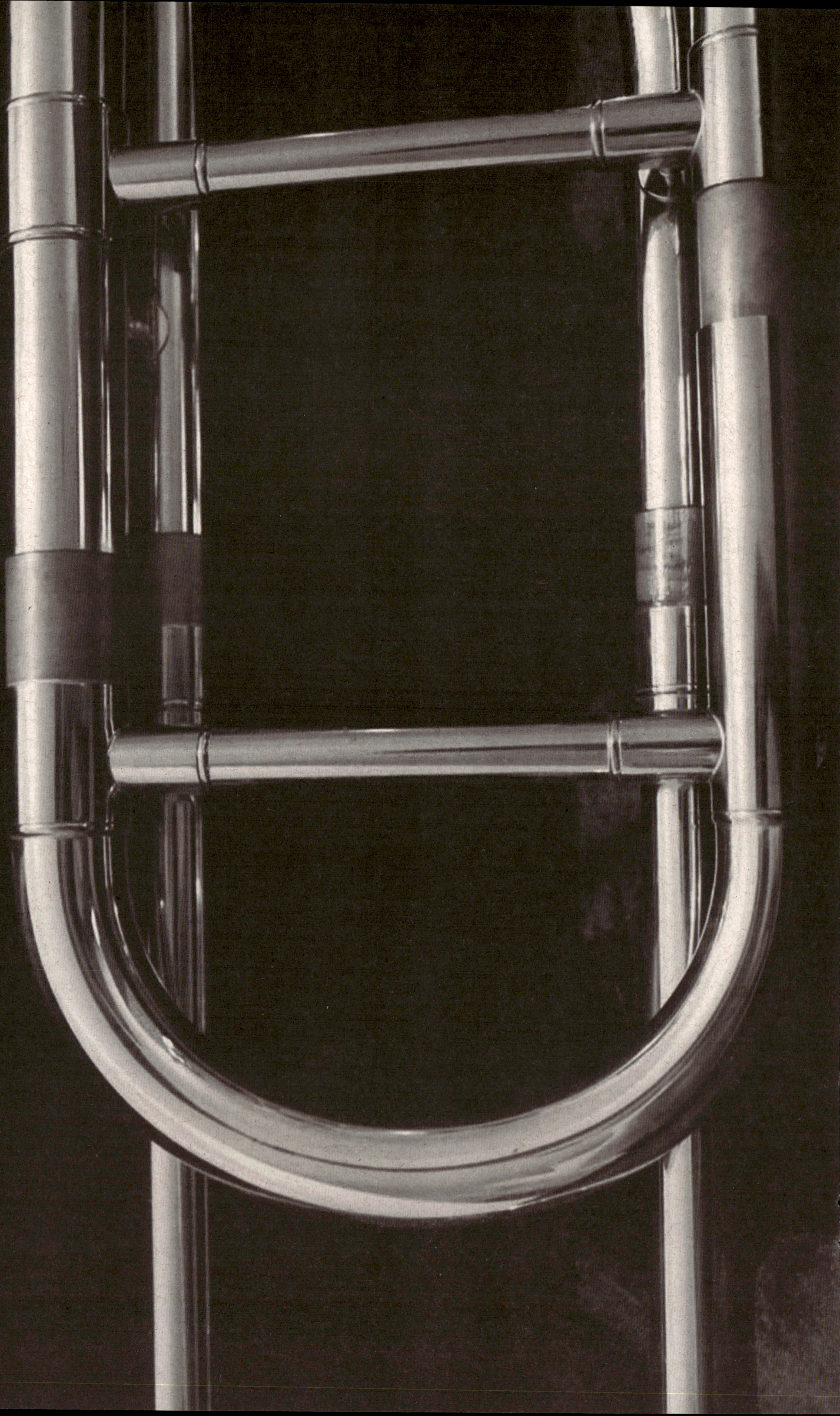

# Trombone

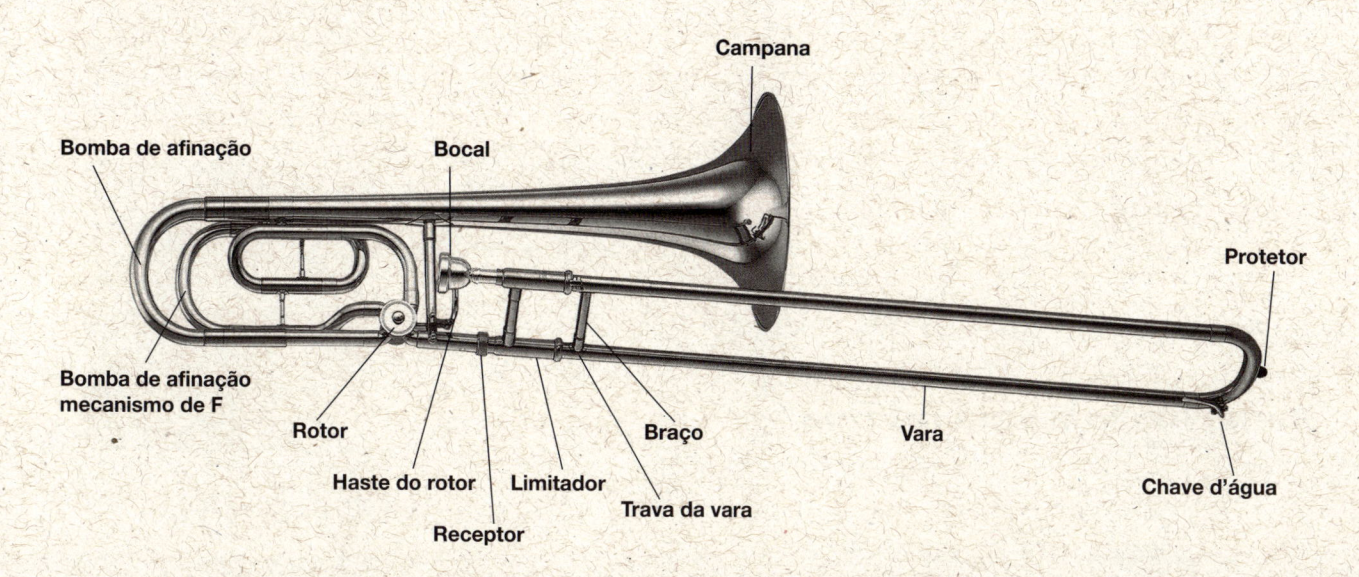

*Diagram labels: Campana, Bomba de afinação, Bocal, Protetor, Bomba de afinação mecanismo de F, Rotor, Haste do rotor, Limitador, Receptor, Trava da vara, Braço, Vara, Chave d'água*

## Desmontagem do trombone

O trombone, um dos instrumentos que menos sofreram alterações desde o seu projeto inicial, mantém como mecanismo principal de ação, a vara, combinação de quatro tubos, dois internos e dois externos, que funcionam como um prolongador do corpo do instrumento, ampliando seu tamanho e alterando a sua afinação; desta forma, o músico pode executar diversas peças musicais, apenas se utilizando deste recurso.

Como recurso adicional, válvulas rotativas, ou rotores, foram incluídas no projeto do trombone. A combinação destes dois mecanismos, vara e rotor, ampliam a extensão de notas possíveis para o instrumento.

A vara faz seu trabalho de expandir e contrair o comprimento do instrumento e a válvula rotativa dá acesso a tubos secundários que desvia o ar para estas tubulações e altera rapidamente a afinação do instrumento.

Tanto a válvula rotativa quanto a vara, são mecanismos sensíveis e de precisão, necessitando de cuidados especiais; por esta razão, vamos abordar separadamente cada um destes mecanismos.

## Vara do trombone

Apesar da aparência, a vara do trombone não é completamente reta, isto porque ao se acionar a vara, o peso da capa da vara fará uma pressão maior sobre a vara interna, alterando sua posição e se este mecanismo não possuir o alinhamento correto, não funcionará bem em todas as posições, ou seja, de sua extensão menor para a maior e, por isto, uma leve curvatura é adicionada ao tubo a fim de garantir o perfeito funcionamento do mecanismo.

Como neste mecanismo os tubos internos e externos precisam correr paralelamente, qualquer alteração de regulagem, modificação na direção dos tubos paralelos ou amassado impedirá este perfeito funcionamento.

A vara do trombone, por ser muito delicada, necessita de uma montagem e desmontagem correta, e isto auxilia na identificação de possíveis problemas que esta vara pode ter. Lembrando que estes tubos são sensíveis, iremos abordar agora a forma ideal de montagem da vara interna com a vara externa e os problemas que podemos encontrar.

Tanto para remover como para recolocar a vara interna dentro da vara externa, é necessário utilizar o mínimo de força possível sobre estas duas partes, e podemos fazer isto utilizando a mão em forma de gancho ou U (foto ao lado).

## Removendo a vara interna

**1–** Com uma das mãos iremos segurar a haste da vara interna e com a outra mão iremos segurar a haste da vara externa.
**2–** Sem utilizar o polegar e utilizando as mãos em forma de gancho ou U, iremos puxar a vara interna de dentro da vara interna.

## Inserindo a vara interna na capa da vara

**1–** Para inserir a vara interna na capa da vara, o sistema de gancho com as mãos também deve ser utilizado, da mesma forma que fizemos para separar as duas partes. A diferença da montagem é que, para inserir o tubo interno, iremos apoiar levemente as pontas da vara interna na entrada dos tubos da capa da vara, conforme imagem 1, abaixo.
**2–** Utilizamos o polegar da mão que segura a vara interna, secundando a peça para ter mais direção e controle (detalhe da imagem 1).
**3–** Após apoiar e verificar que os tubos estão paralelos, liberamos o polegar da mão que segura a vara interna e levantamos com cuidado a vara interna (imagem 2) e esta se encaixará na capa da vara sem sofrer nenhuma força demasiada (imagem 3).

Treinar este procedimento irá prolongar a vida útil do instrumento, evitando danos no acabamento que reveste a vara interior (cromo) e de alterarmos a direção dos tubos.

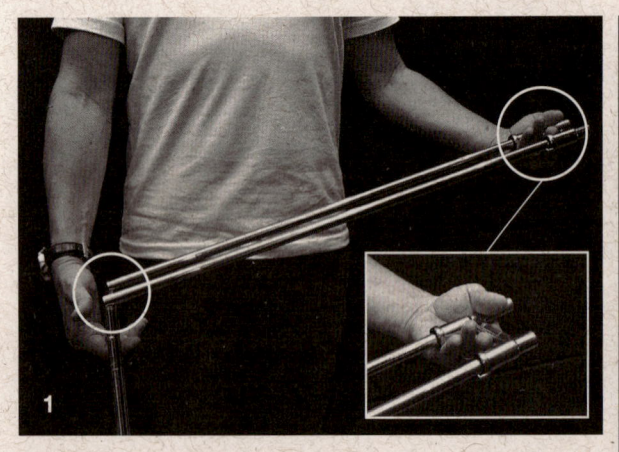

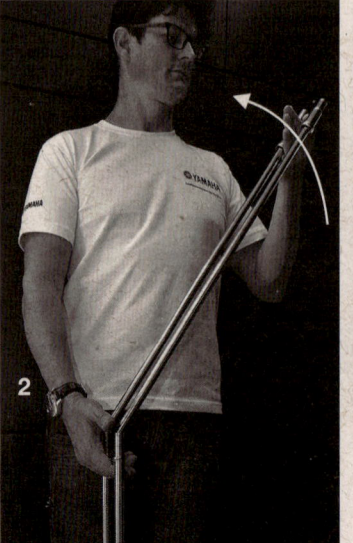

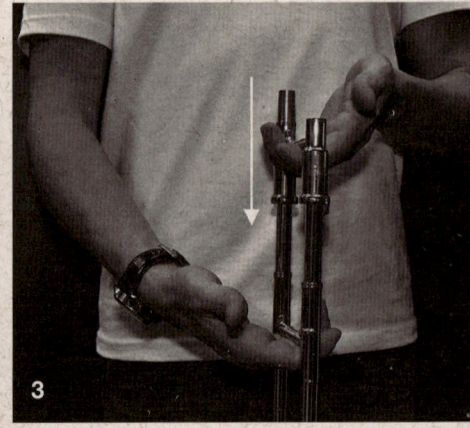

## Lubrificando a vara

O mecanismo da vara, por possuir atrito constante dos tubos, necessita de lubrificação contínua e periódica, e, para isto, diversos produtos são disponibilizados no mercado. Eles podem ser em forma de óleo ou creme e adicionado água com um *spray*.

Para a lubrificação da vara algumas técnicas podem ser utilizadas, porém, para segurança do usuário, vamos abordar a forma mais adequada para fazer esta lubrificação:

1– Removemos a vara interna da capa da vara.

2– Em um dos tubos internos, aplicamos na bucha da vara (parte mais larga da ponta da vara) uma pequena quantidade de produto (óleo ou creme para vara) e devemos borrifar água não somente na ponta, mas em toda a extensão do tubo.

3– Com as mãos em forma de gancho, inserimos o tubo lubrificado na capa da vara correspondente e fazemos movimentos para dentro e para fora a fim de espalhar o produto nas paredes internas da capa da vara.

4– Novamente com as mãos em forma de gancho removemos a vara interna e repetimos o procedimento no segundo tubo.

5– Removemos o segundo tubo já lubrificado e inserimos os dois tubos conforme indicado em *Inserindo a vara interna na capa da vara*.

Se necessário, mais água poderá ser adicionada à vara; para isto devemos apoiar a capa da vara no chão utilizando o pino de borracha da curva, expandir o tubo até próximo da bucha da vara e borrifar água sobre toda a extensão dos dois tubos; o excesso de água deverá ser removido pela chave de saliva da vara.

## Diagnosticando problemas com a vara

Problemas com a vara do trombone podem ser diagnosticados pelo próprio usuário ou professor e, para isto, daremos algumas dicas de como identificá-los:

1– Colocar uma flanela sob a mão, fechar a mão sobre a capa da vara e fazer leves movimentos para frente e para trás prestando atenção se sentimos com a ponta dos dedos alguma imperfeição ou amassado no tubo da vara; se isto for diagnosticado, este instrumento deve ser encaminhado a um técnico capacitado o mais breve possível.

2– Caso nenhuma imperfeição ou amassado for localizado no instrumento, devemos remover a vara interna da capa da vara com tranquilidade e procurar sentir se em algum ponto a vara apresenta mais resistência do que em outro; se isto ocorrer, nós saberemos que existe um ou mais pontos críticos na vara.

**Importante**: se diagnosticado resistência maior em algum ponto específico do tubo, pode-se inserir separadamente o tubo da vara interna para saber qual dos dois possivelmente tem problema, e, neste caso, o instrumento deverá ser encaminhado a um técnico capacitado para fazer a correção.

Outra forma fácil de identificar um problema em uma vara é verificar se os tubos estão paralelos na hora do encaixe da vara interna na vara externa; se algo alterou o alinhamento dos tubos, eles estarão em posições diferentes.

No segundo e no terceiro caso, o instrumento deverá ser encaminhado para um técnico capacitado para que a regulagem e alinhamento sejam feitos.

## Outras partes do trombone

Apesar de possuir um mecanismo de ação diferente dos demais instrumentos a vara, o trombone também possui partes em comum com outros instrumentos de metais. São elas curvas de afinação e, nos modelos tenor-baixo e baixo, os rotores, mecanismo de ação rotativa comum entre alguns modelos de trompete, trompa e tubas.

## O rotor

O rotor, diferente de um pistão é um sistema de desvio de ar que trabalha sobre eixos e que necessita de cuidados especiais. Estes eixos são cônicos e precisamente ajustados; por este motivo somente podem ser removidos por um técnico capacitado, pois são necessárias ferramentas especiais para sua regulagem.

Além do rotor, temos todo o sistema de acionamento deste mecanismo e, para um perfeito funcionamento, três tipos diferentes de óleos sintéticos devem ser utilizados, são eles:

**Óleo sintético para o eixo superior e inferior** (*Spidle oil*)

Os eixos superiores e inferiores possuem um torque "esforço de torção em uma maquina ou eixo", diferente dos demais eixos do mecanismo do rotor e por este motivo, necessita de um óleo que suporte a força exercida sobre as peças, evitando o desgaste, deformação ou travamento das partes.

**Óleo para conexão e eixos** (*Lever oil*)

As confecções funcionam com eixos e também possuem um torque específico, necessitando de um óleo mais denso para evitar o desgaste das partes.

**Óleo para a parede interna do rotor** (*Rotor oil*)

Como o rotor está preso sobre dois eixos, sua parede não terá contato direto com a parede interna da capa do rotor, porém qualquer sujeira ou resíduo que entrar neste mecanismo, irá travá-lo, isto porque a distância entre o rotor e a parede interna é extremamente pequena.

1- Lever oil
2- Rotor spindle oil
3- Rotor oil

O óleo sintético para rotor cria uma fina camada sobre a parede interna do rotor e sobre a parede interna da capa do rotor, evitando que qualquer sujeira ou resíduo possa se fixar nestas partes e impedir o perfeito funcionamento.

Estes três óleos sintéticos possuem densidades diferentes para garantir o perfeito funcionamento de cada uma das partes.

## Desmontagem das curvas de afinação do corpo do trombone

Existe uma ordem exata para a desmontagem de cada instrumento musical, isto porque devemos levar em conta a estrutura do instrumento e o grau de resistência estrutural necessário no momento da retirada de uma das peças móveis.

O trombone possui poucas curvas que podem ser retiradas, porém a boa regulagem dos encaixes destas curvas garante um bom funcionamento dos demais mecanismos, isto porque se for necessário utilizar força demasiada para remover uma curva, esta força poderá desalinhar os demais mecanismos causando o mal funcionamento dos gatilhos e rotores.

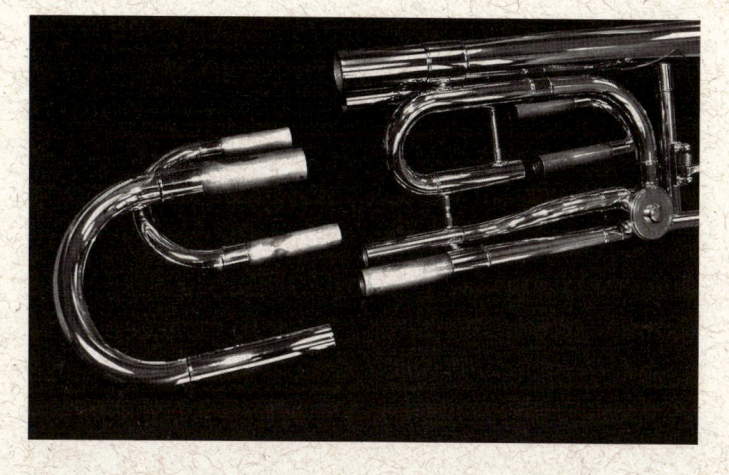

Para um perfeito funcionamento, estas conexões das curvas de afinação devem ser lubrificadas periodicamente com graxa sintética (*Slide grease*) para tubos.

Estas curvas não podem estar demasiadamente soltas, porém também não podem estar presas; se uma das duas situações ocorrer, o instrumento deverá ser encaminhado para um técnico capacitado.

**Importante**: se uma peça está travada e não se move mesmo aplicando uma força mediana, jamais se deve exercer uma força maior. Neste caso o instrumento deve ser levado a um técnico capacitado para a correta remoção e ajuste da peça. A melhor e mais eficiente forma de evitar estes problemas é executar peridicamente a manutenção no equipamento.

## Pontos críticos do trombone

O trombone e demais instrumentos de bocal, possui alguns pontos críticos que precisam de cuidados especiais.

**Leadpipe** – É um tubo cônico colocado no inicio da tubulação de um instrumento de sopro e responsável pela criação de boa parte dos harmônicos e timbre deste instrumento. Por ser uma peça importante para as questões sonoras e estar próximo da boca do músico, a manutenção desta parte deve ser efetuada com frequência para que não haja corrosão interna ou acúmulo de sujeira, o que poderá criar fungos e bactérias, e trazer ao músico problemas respiratórios além de dificuldades para emitir som.

**Pescoço do bocal** – Pescoço do bocal é o tubo abaixo da taça do bocal e que é responsável pelo correto direcionamento do fluxo de ar para dentro do instrumento; suas características originais e integridade devem ser mantidas.

Sujeira na parte interna do pescoço e amassados ou trincas na saída do pescoço do bocal irão alterar o fluxo de ar, inutilizando todo o trabalho feito pelo músico para criar a pressão exata do ar dentro do instrumento, comprometendo o resultado sonoro.

## Lavagem do trombone

A lavagem de um trombone é dividida em duas partes, *vara* e *corpo*, isto porque são partes separadas e necessitam de procedimentos diferentes para sua manutenção e limpeza.

### Corpo do instrumento

Após remover as curvas de afinação do corpo do trombone, para fazer a lavagem necessitaremos de alguns acessórios:

- **Recipiente para lavagem**
- **Água morna**
- **Sabão para metal (Brass soap)**
- **Haste flexível de limpeza**

É importante lembrar que o sistema de rotor e suas conexões não devem ser removidos.

1– Em um recipiente onde caiba o corpo do instrumento, deposite água morna entre 30 e 40°C e sabão para metal (1 parte de sabão para metal para 10 partes de água). Colocamos o corpo do instrumento e deixamos descansar por 5 minutos.

2– Após este tempo utilizaremos a haste flexível para escovar e limpar a parte interna da tubulação do instrumento com movimentos para frente e para trás sem deixar a ponta da haste penetrar no sistema de rotor do instrumento.

3– Enxaguar o instrumento em água corrente.

### Curvas de afinação

1– No mesmo recipiente em que lavamos o corpo do instrumento inserimos as curvas ou bombas de afinação e deixamos repousar por 5 minutos.

2– Com a haste flexível fazemos a escovação interna nas peças.

3– Enxaguar em água corrente.

4– Secagem das peças.

## Montagem do instrumento

Para efetuar a montagem faremos antes a lubrificação do rotor e das curvas de afinação conforme já indicado.

## Limpeza da vara

Para limpeza interna da vara do trombone, necessitaremos dos acessórios abaixo:

**Recipiente para água**
**Água morna**
**Sabão para metal (Brass soap)**
**Haste flexível para vara de trombone**
**Haste rígida** ou **vareta de limpeza**
**Gaze**

### Lavando a vara

*Vara externa ou capa da vara*

**1–** Em um recipiente de tamanho médio, depositaremos água morna entre 30 e 40°C e sabão para metal (1 parte de sabão para metal para 10 partes de água).
**2–** Molhamos a ponta com escova da haste flexível para vara de trombone na mistura com água e inserimos a ponta da haste flexível na tubulação interna da vara externa até o inicio da curva da vara, repetimos este procedimento dos dois lados por algumas vezes.
**3–** Após a limpeza dos tubos, inserimos a ponta sem escova e protegida por uma cabeça de borracha dentro da tubulação até que esta ponta saia no outro tubo e então puxamos a haste para que a limpeza da curva da vara seja efetuada.
**4–** Fazemos passar água limpa dentro de toda a extensão interna da vara.
**5–** Inserimos a ponta da gaze na abertura da ponta da haste rígida ou vareta de limpeza.
**6–** Cobrimos a ponta da haste para não riscar o instrumento.
**7–** Enrolamos a gaze em toda a extensão da vareta de limpeza para que a parte de metal da vareta não tenha contato com a parede interna do tubo.
**8–** Inserimos a vareta de limpeza coberta com a gaze dentro do tubo da vara e fazemos movimento para frente e para trás.
**9–** Após retirar a vareta, verificamos se o tecido está limpo ou se resíduos se soltaram no tecido; se isto ocorreu, repetimos o processo até que o tecido não apresente mais resíduos de sujeira.

*Vara interna*

A vara pode ser lavada com mais facilidade porque não possui a curva como a capa da vara, porém possui o *leadpipe* e devemos ter cuidado adicional para que a escova não fique presa nesta parte.

Para fazer a limpeza nos tubos da vara interna, devemos utilizar o mesmo procedimento de limpeza da capa da vara.

## Dicas importantes

A periodicidade de lavagem do instrumento depende de vários fatores tais como a tempo de uso e higiene bucal, porém um dos agravantes para deterioração do instrumento é o contato das enzimas digestivas presentes na salva e produzida pelo organismo no momento em que estamos com fome, momento inicial do processo digestivo.

Estas enzimas serão inseridas na tubulação através do ar condensado e se fixarão nas paredes internas, causando corrosão acelerada do metal de dentro para fora do instrumento. Para evitar este tipo de problema, aconselhamos a lavagem do instrumento após sua utilização em horários de alimentação, quando o músico estiver sentindo muita fome.

Outra dica importante é que ao terminarmos de tocar, deve ser retirado o máximo de umidade da parte interna do instrumento e, em seguida, colocamos algumas gotas de óleo sintético para rotor dentro do rotor, movimentamos o rotor ao mesmo tempo em que sopramos dentro do instrumento, este processo fará com que o óleo sintético se espalhe no rotor e nas e tubulações internas, evitando a oxidação natural do metal até a próxima utilização do instrumento.

Para utilizar o instrumento em uma próxima vez, não devemos inserir mais óleo no rotor, isto porque o óleo que foi inserido no momento em que o instrumento foi armazenado está presente, apenas perdeu a umidade, se colocando um estado mais denso e dando a impressão da necessidade de lubrificação.

O que devemos fazer neste caso é soprar dentro da tubulação do instrumento e a umidade condensada da saliva irá levar o óleo ao seu estado original, trazendo então o perfeito funcionamento do equipamento.

**Importante**: Óleos e graxas em excesso, podem impedir o correto funcionamento do instrumento, além de causar o desperdício do produto.

Finalmente, no caso do bocal perder o revestimento devido ao tempo de uso ou acidez excessiva da saliva, um novo revestimento de alta qualidade deverá ser recolocado para impedir problemas causados pelo contato da matéria prima com os lábios.

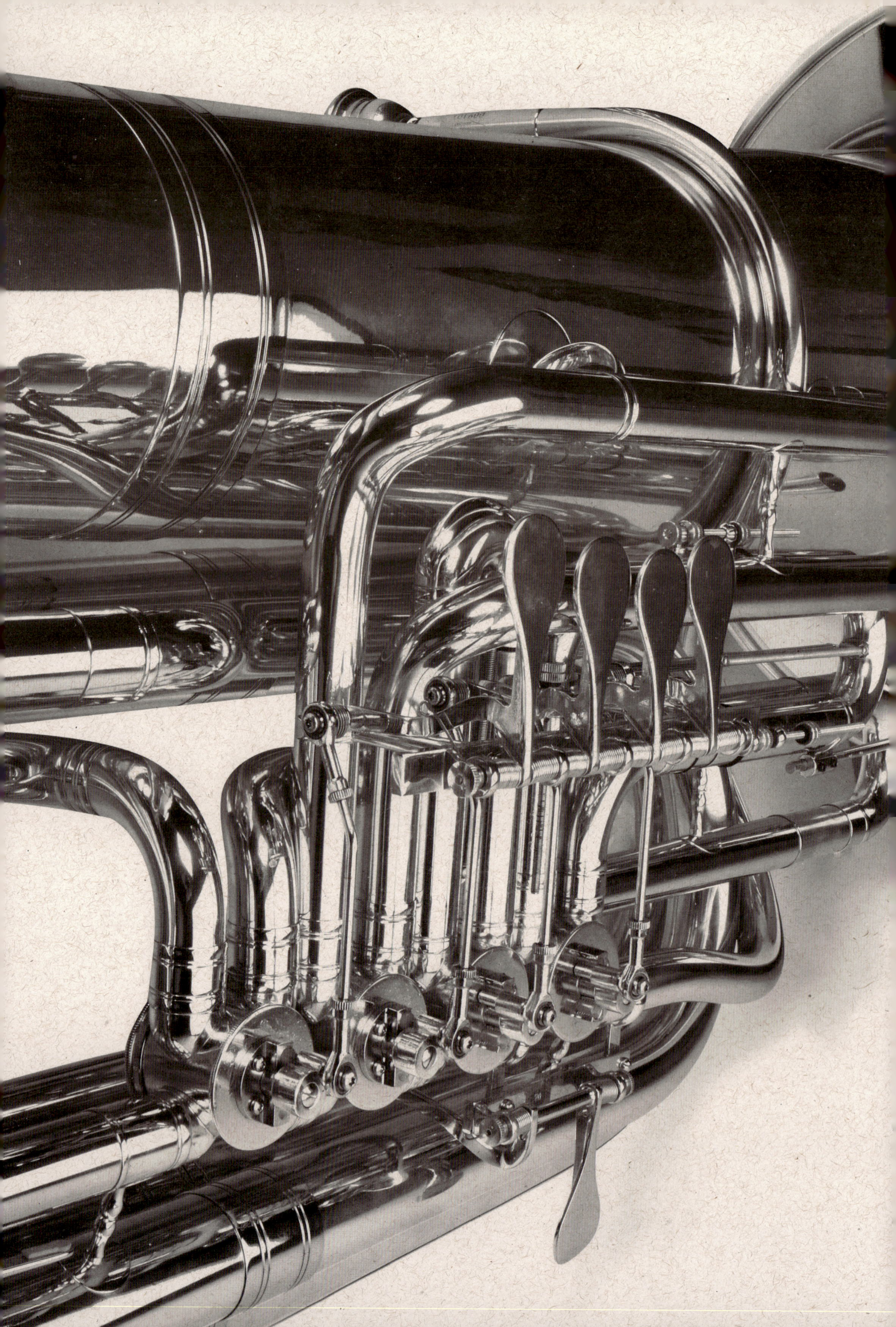

# Tuba

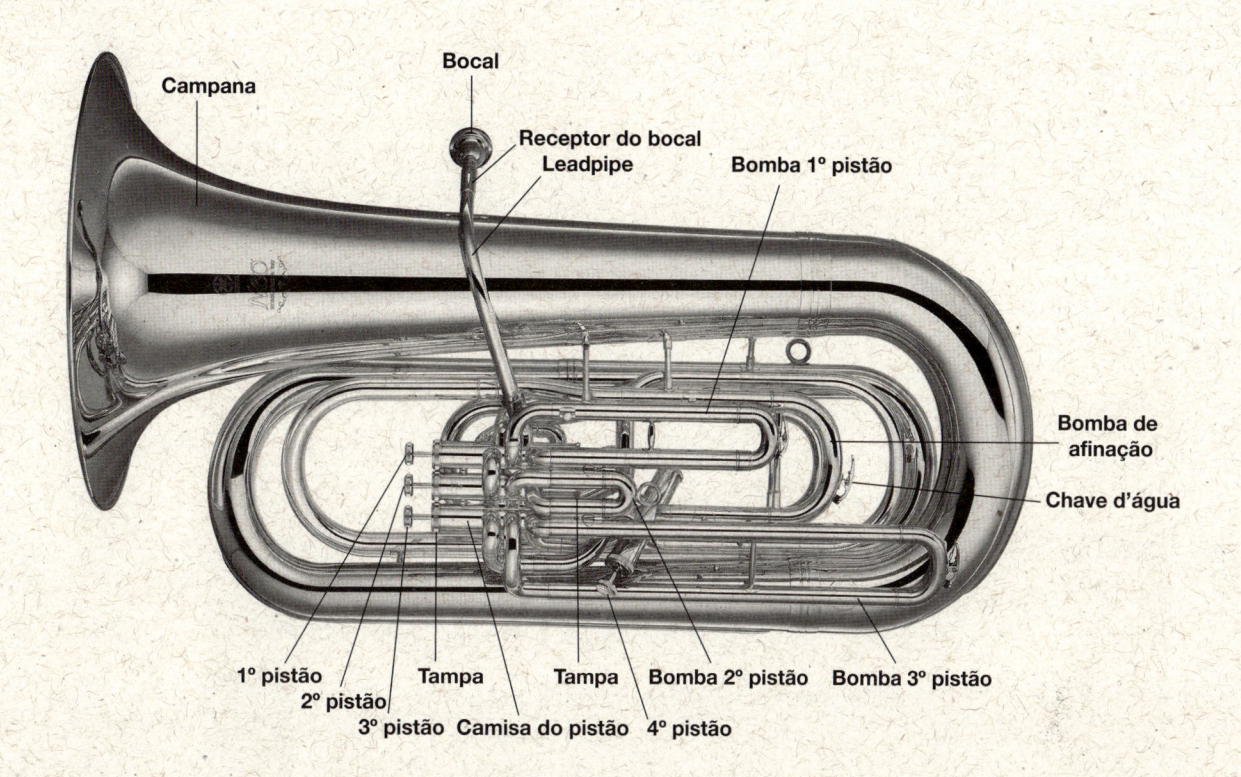

Labels on diagram: Campana, Bocal, Receptor do bocal / Leadpipe, Bomba 1º pistão, Bomba de afinação, Chave d'água, 1º pistão, 2º pistão, 3º pistão, Tampa, Camisa do pistão, Tampa, 4º pistão, Bomba 2º pistão, Bomba 3º pistão.

## Desmontagem da tuba

Como todos os demais instrumentos musicais, existe uma ordem exata para a desmontagem da tuba, respeitando o grau de resistência estrutural do instrumento no momento de retirada das peças móveis que estejam mais difíceis de serem removidas.

O instrumento é uma construção e, como toda a construção, possui colunas que o sustentam e o mantém intacto; se retirarmos estas colunas e exercermos pressão ou força demasiada sobre o que restou, o resultado será a possível alteração na estrutura ou até o rompimento de pontos de solda.

A dica é retirar as peças *das mais difíceis para as mais fáceis*.

Executar periodicamente a manutenção no equipamento, evita a dificuldade de remoção de partes móveis tais como pistões e curvas, se estas partes móveis não receberem a manutenção correta e periódica, poderão travar no local e neste caso, o envio do instrumento a um técnico capacitado será imprescindível.

A ordem de desmontagem normal e correta de uma tuba em perfeitas condições é a seguinte:

**1**– Curvas de afinação dos pistões
**2**– Curva de afinação geral
**3**– Tampas inferiores dos pistões
**4**– Pistões 1, 2, 3 e 4

5– Remoção das molas

6– Remoção das hastes dos pistões

7– Remoção das guias

Com esta sequência de desmontagem o alinhamento das camisas dos pistões e posicionamento dos tubos dos pistões será mantido intacto e sem nenhuma alteração mesmo após diversas montagens e desmontagens.

## Pontos críticos da tuba

Como os demais instrumentos de bocal, a tuba possui alguns pontos críticos e que precisam de cuidados especiais.

Curvas de afinação desmontadas.

**Leadpipe** – É um tubo cônico colocado no inicio da tubulação de um instrumento de sopro e responsável pela criação da maior parte dos harmônicos e timbre deste instrumento.

Por ser uma peça importante para as questões sonoras e estar próximo da boca do músico, a manutenção desta parte deve ser efetuada com frequência para que não exista corrosão interna ou acúmulo de sujeira, que poderá criar fungos e bactérias e trazer ao músico, problemas respiratórios e dificuldades para emitir som.

**Ponteira** – A ponteira é a peça onde o bocal é encaixado, quando a manutenção periódica desta peça não é efetuada, resíduos se acumulam, causando alterações no timbre do instrumento.

**Pescoço do bocal** – Pescoço do bocal é o tubo abaixo da taça do bocal e que é responsável pelo correto direcionamento do fluxo de ar para dentro do instrumento, suas características originais e integridade devem ser mantidas.

Sujeira na parte interna do pescoço e amassados ou trincas na saída do pescoço do bocal irão alterar o fluxo de ar, inutilizando todo o trabalho feito pelo músico para criar a pressão exata do ar dentro do instrumento, comprometendo o resultado sonoro.

## Lavagem do instrumento

Após a desmontagem, devemos fazer a lavagem das peças deste instrumento e necessitaremos de alguns acessórios para esta ação, são eles:

**Recipiente de lavagem**
**Água morna**

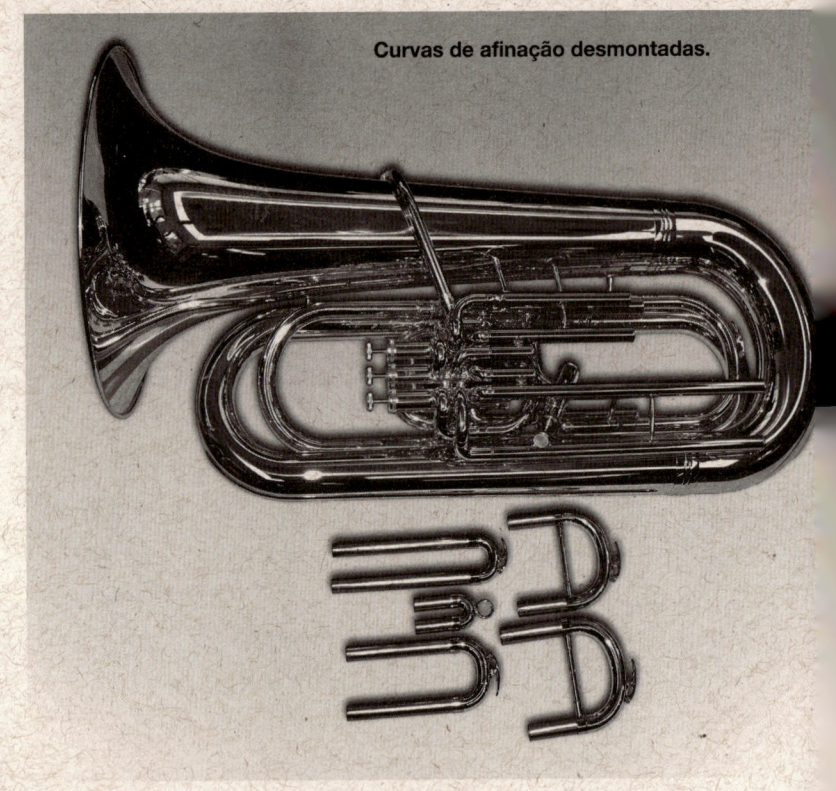

      **Sabão para metal (Brass soap)**
      **Haste rígida de limpeza**
      **Haste flexível de limpeza**
      **Escova para bocal**
      **Escova para camisa dos pistões**
      **Gaze**
      **Pano macio e seco**

## Corpo do instrumento

1– Em um recipiente de tamanho médio deposite água morna entre 30 e 40°C e sabão para metal (1 parte de sabão para metal para 10 partes de água).

2– Utilize um tecido macio como a gaze para umedecer na solução de água e sabão para metal e passar sobre a parte externa do corpo do instrumento fazendo movimentos leves a fim de não causar danos ou riscos na laqueação do instrumento.

3– Com a haste flexível deve-se escovar e limpar a parte interna da tubulação do instrumento com movimentos para frente e para trás.

4– Com a escova de camisa de pistão escove levemente a parte interna.

Importante – as partes metálicas da escova não devem raspar na camisa do pistão para não causar danos nas paredes internas.

5– Enxague o instrumento em água corrente.

## Curvas de afinação

1– No mesmo recipiente que foi preparado a solução de sabão e água, inserir as curvas ou bombas de afinação e deixe repousar por 5 minutos.

2– Com a haste flexível, faça a escovação interna nas peças.

3– Enxaguar em água corrente para remover o sabão.

4– Em seguida, efetuar a secagem das peças.

## Pistões

A lavagem e limpeza do pistão deve ser feita com a mesma solução de água e sabão para metal, porém apesar de serem confeccionados com matérias resistentes, não podem sofrer nenhum dano para evitar seu travamento na camisa do pistão; por este motivo, devem ser lavados separadamente das demais peças do instrumento. Nesta lavagem, deve-se utilizar um tecido macio e a haste flexível para limpar os orifícios de passagem de ar.

**Importante:** Nunca se deve utilizar produtos abrasivos ou que possam danificar a parede do pistão, tais como escovas de aço ou produtos que possam produzir riscos.

## Montagem do instrumento

Para efetuar a montagem, deve-se utilizar óleo e graxa para as curvas de afinação, são eles:

**Óleo sintético Grosso** (Vintage) para pistões indicado para instrumentos de grosso calibre ou com condição de desgaste avançado.
**Graxa sintética** (Slide grease) para conexão dos tubos de curvas de afinação.

### Montagem dos pistões

1– Inserir a guia do pistão.
2– Rosquear a haste superior do pistão.
3– Inserir a tampa superior na haste superior do pistão.
4– Rosquear o botão na haste superior do pistão.
5– Inserir as tampas inferiores das camisas dos pistões.
6– Inserir a mola do pistão.
7– Colocar óleo (pouca quantidade) no pistão e inserir o pistão 1 na camisa 1 (mais próxima da ponteira do bocal), girar com cuidado até que a guia do pistão se encaixe na fissura interna da camisa do pistão.
8– Rosquear a tampa superior da camisa do pistão.
9– Repetimos o processo com os pistões 2, 3 e 4.

### Montagem das curvas

1– Com a ponta do dedo, espalhe um pouco de graxa sintética para tubos sobre a superfície externa da curva de afinação.
2– Repetir o processo com as demais curvas de afinação.
Remover os resíduos de óleo ou graxa que possam ficar sobre a superfície externa do instrumento.

## Dicas importantes

Muitos músicos tentam manter as conexões das curvas de afinação com uma aparência polida e brilhante, isto é um erro porque nesta tentativa, são utilizados produtos abrasivos que removerão parte do metal, diminuindo o seu tamanho e diâmetro e criando *vazamentos* de ar e de saliva; além disso, o pouco contato entre as partes conectadas também causará uma perda da resistência necessária para a propagação da vibração, causando diminuição do volume sonoro e alteração de timbre do instrumento.

Outra dica importante é que ao terminar de tocar, deve ser retirado o máximo de umidade da parte interna do instrumento e, em seguida, colocar uma gota de óleo sintético em cada pistão, movimentar os pistões ao mesmo tempo em que sopra-se ar dentro do instrumento; este processo fará com que o óleo sintético se espalhe nos pistões e tubulações internas, evitando a oxidação natural do metal até a próxima utilização do instrumento.

Para utilizar o instrumento em uma próxima vez, não devemos inserir mais óleo nos pistões, isto porque o óleo que foi inserido no momento em que o instrumento foi armazenado está presente, apenas perdeu a umidade, se colocando um estado mais denso e dando a impressão da necessidade de lubrificação.

O que deve ser feito neste caso é soprar ar dentro da tubulação do instrumento e a umidade condensada da saliva irá levar o óleo ao seu estado original, trazendo então o perfeito funcionamento do equipamento.

**Importante:** Óleos e graxas em excesso, podem impedir o correto funcionamento do instrumento, além de causar o desperdício do produto.

No caso do bocal perder o revestimento devido ao tempo de uso ou acidez excessiva da saliva, um novo revestimento de alta qualidade deverá ser recolocado para impedir problemas causados pelo contato da matéria prima com os lábios.

YAMAHA 270

# Percussão

## O que são instrumentos de percussão?

São os que produzem som através de um golpe em sua superfície. Estes instrumentos podem produzir sons variados incluídos sons cromáticos, como no caso dos instrumentos de tecla (vibrafone, xilofone, marimba, etc.), ou sons variados como os tambores ou instrumentos de membranas.

Nos instrumentos de tecla, os cuidados com umidade em excesso e o transporte de forma segura são de extrema importância para prolongar a vida útil do instrumento, e a manutenção deste equipamento deve ser efetuada por um técnico capacitado.

Quando o deslocamento destes equipamentos for necessário, mais de uma pessoa deve efetuar o procedimento, evitando possíveis danos à estrutura do equipamento.

Para os instrumentos de membrana, como caixas e bumbos, o cuidado maior deve ser em não colocar peso excessivo sobre a pele do instrumento e acomodar o equipamento em capas ou estojos adequados para a conservação da pele ou membrana e para a estrutura do equipamento, isto porque normalmente são fabricados em madeira ou metal e podem sofrer avarias em caso de queda ou grandes impactos.

**Caixa clara**

A afinação dos instrumentos de membrana é feita pelo músico ou professor; já no caso dos instrumentos de teclas, esta afinação vem de fabrica e só pode ser alterada por um técnico altamente capacitado.

A família da percussão é extensa e inclui diversos instrumentos, mas neste caderno iremos abordar alguns dos principais e mais complexos instrumentos, são eles:

## Instrumentos de teclas

Dentre os instrumentos de teclas podemos citar a marimba, xilofone e *glockenspiel*; estes instrumentos normalmente são afinados na fabrica em 442Hz e não permitem variações na afinação.

São necessárias duas pessoas ou mais para a montagem e desmontagem destes instrumentos, isto porque possuem diversas partes longas e muitos encaixes.

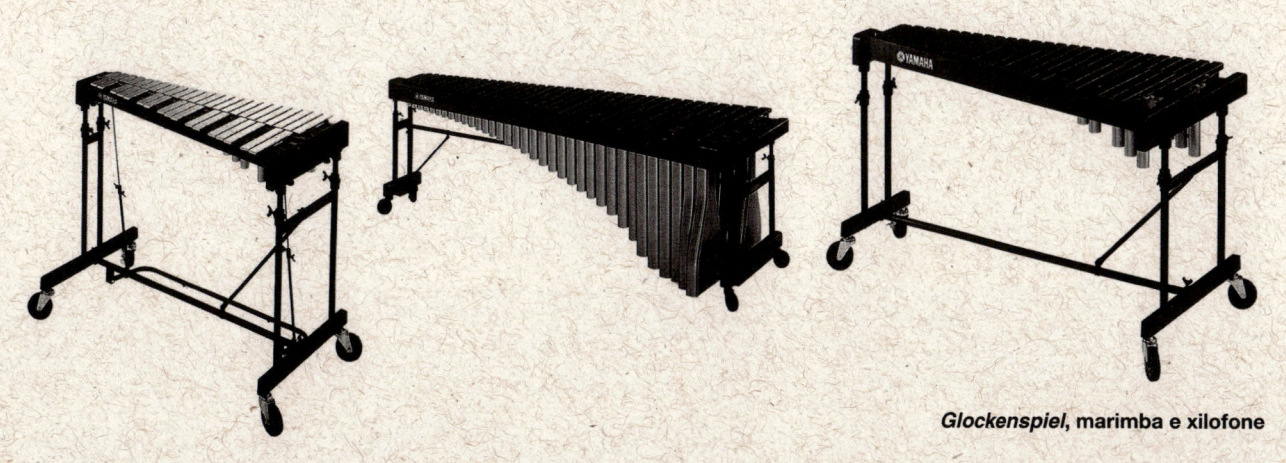

***Glockenspiel*, marimba e xilofone**

Deve-se ter cuidado especial com as teclas do instrumento e não colocar nenhum objeto pesado sobre as mesmas.

O cordão de sustentação das teclas tem sua tensão ajustada por molas fixadas nas pontas; este cordão deve possuir uma tensão média para que as teclas possam produzir som com qualidade, se a tensão do cordão estiver fraca, o nó de fixação poderá ser removido e um novo poderá ser dado diminuindo o cumprimento do cordão dando mais tensão e ampliando o som do instrumento.

Para transporte, *case* ou capa resistente deve ser confeccionada ou adquirida; proteja o seu instrumento e amplie a vida útil do equipamento.

# Mitos

Nos muitos anos de trabalho com manutenção de instrumentos de sopro, tenho visto e ouvido muitas curiosidades, mitos e informações distorcidas quanto à manutenção básica e preventiva dos instrumentos de sopro e gostaria de lembrar que estes mitos, normalmente, são as principais causas de falta de produtividade e do comprometimento do desempenho musical do artista.

Uma dica que dou sempre é que se você não tem a certeza ou conhecimento técnico para garantir uma informação, o melhor é não dar o conselho e sim incentivar o aluno na busca da verdade sobre o assunto.

**Flauta doce**

Dizer que a flauta doce modelo germânico é mais fácil de aprender que o modelo barroco é um mito; a flauta doce do modelo germânico só é mais fácil de tocar na afinação de C (dó maior) e na primeira oitava; o modelo barroco além de ter dedilhado mais anatômico em todas as oitavas melhorando o desempenho do dulcista (quem toca flauta doce), quando utilizada como instrumento de iniciação musical, a flauta doce do sistema barroco será a mais exata referência para desenvolver a percepção musical do estudante.

**Flauta transversal**

Utilizar papel de cigarros para limpeza da sapatilha é um mito terrível; estes papéis possuem produtos químicos que danificam a sapatilha e deixam um odor desagradável no instrumento; as sedas de limpeza e o papel com pó para instrumentos musicais é a melhor forma de manter a sapatilha da flauta preservada por mais tempo.

**Saxofone**

Colocar o saxofone dentro de um tanque com água para tirar vazamento também é um mito e executar esta ação irá danificar todo o instrumento acarretando a deterioração das sapatilhas, calços e feltros e a oxidação de parafusos e molas do instrumento.

Se o instrumento possui um vazamento, um técnico capacitado deve ser procurado.

**Trompete**

Raspar o bocal no asfalto, lixar ou passar qualquer produto abrasivo com a intensão de criar fissuras na borda do bocal e garantir mais aderência dos lábios com a borda do bocal é um mito terrível e que pode causar danos à saúde do músico, isto porque o revestimento, normalmente recoberto com prata ou ouro, será danificado, colocando em contato direto os lábios com o metal de confecção do bocal; este procedimento poderá causar náuseas e feridas devido à oxidação natural do material, além da dificuldade na execução musical pelo excesso de aderência dos lábios com a borda do bocal.

### Trombone

Colocar leite na parte interna da tubulação do trombone para amaciar o som é mito; este procedimento irá danificar o equipamento porque em contato com os resíduos de óleo e saliva da tubulação, o leite irá azedar criando uma crosta nas paredes internas e corroendo o equipamento de dentro para fora; além disto, uma grande quantidade de bactérias irão se desenvolver neste ambiente e causar danos à saúde do músico.

### Tuba

Utilizar palha de aço ou produto abrasivo de limpeza para deixar as conexões das curvas brilhando é um mito. Este tipo de material de limpeza é feito de finos fios de metal que oxidam com facilidade e, ao ser utilizado no instrumento, pequenos resíduos irão para a parte interna da tubulação e causarão danos nas paredes do equipamento; também causará o desgaste da peça deixando a tubulação frouxa, propício a vazamentos de ar.

A coloração levemente escurecida destas conexões é natural e se utilizado graxa sintética para instrumentos de sopro, não irão oxidar e causar o travamento da peça.

### Percussão

Pensar que os instrumentos de percussão são resistentes e seus mecanismos não necessitam receber óleo é um mito; eles necessitam de óleo sintético para evitar que os parafusos e conexões travem e impeçam a afinação ou funcionamento de mecanismos.

Também dizer que os instrumentos de percussão podem ser utilizados na chuva é um mito, a umidade danificará as partes de madeira e oxidará as partes metálicas; no caso dos instrumentos de teclas de madeira como marimba e xilofone, os danos podem ser ainda maiores.

# Referências bibliográficas

**BRAND, Erick D**. *Band instrument repairing manual*. Elkhart, Indiana. Eighth Edition (Revised). Printed June, 1978.

*Guía para el cuidado y mantenimiento de instrumentos sinfónicos de viento, cuerda y percusión*. Fundasión Nacional Batuta, 2010.

**ORTEGA, Neivas; FREITAS, Luis Alberto Martins de; SILVA, Sergio Luiz da.** *Projeto Bandas 2008*. Florianópolis: Bernúncia, 2008.

*The Ferree's repair manual*. Tools, inc. Since, 1946.

*YAMAHA Band Instruments Repair Manual*. YAMAHA Corporation.

*YAMAHA Technicians' Guild*. YAMAHA Corporation.

**Araken Busto**

Iniciou seus estudos de música aos 10 anos com o instrumento euphonium e logo em seguida passou para a tuba; foi músico em orquestras evangélicas e banda militar; em 1987 já efetuava pequenos reparos nos instrumentos da orquestra e desde então se dedicou a aprender sobre a arte de reparar instrumentos de sopro.

Em 2008 iniciou seu trabalho na Yamaha Musical do Brasil com o mestre em confecção de instrumentos de sopro Stefan Siemons e logo em seguida foi para Espanha se aperfeiçoar com o professor e técnico Emilio Martinez; recebeu treinamento na fabrica da Yamaha na cidade de Hamamatsu no Japão e dedica-se a transferir o conhecimento adquirido para os músicos e técnicos brasileiros.

É convidado a ministrar *workshops* de manutenção de instrumentos de sopro em diversos festivais brasileiro, para bandas militares e músicos de orquestras.

Atualmente é o responsável pela divisão de Banda e Orquestra da Yamaha Musical do Brasil.